Roberto Alajmo

Palermo ist eine Zwiebel

Aus dem Italienischen von
Karin Krieger und Moritz Rauchhaus

Verlag Klaus Wagenbach Berlin

Die erste italienische Ausgabe erschien 2005 unter dem Titel *Palermo è una cipolla* bei Laterza in Rom, eine aktualisierte Neuausgabe 2019 unter dem Titel *Palermo è una cipolla. Remix*. Karin Kriegers deutsche Übersetzung der italienischen Erstausgabe erschien 2007 unter dem Titel *Palermo sehen und sterben* beim Carl Hanser Verlag in München, sie wurde für die vorliegende Ausgabe gemäß des italienischen »Remix« aktualisiert und umfassend ergänzt.

FSC www.fsc.org
MIX
Papier aus verantwortungsvollen Quellen
FSC® C014889

Wagenbachs Taschenbuch 838
2. Auflage 2023

Emser Straße 40/41, 10719 Berlin www.wagenbach.de

Covergestaltung Julie August unter Verwendung
einer Fotografie © Sabrina Genovesi/gettyimages.
Das Karnickel auf Seite 1 zeichnete Horst Rudolph.
Gesetzt aus der Calisto. Gedruckt und gebunden
bei Pustet, Regensburg. Printed in Germany.

ISBN 978 3 8031 2838 6

Inhalt

Vorbemerkung:
Die Stadt verändert sich, Bücher werden alt 7

1 Willkommen in der Stadt 22

2 Klischees 39

3 Orientierung im Chaos 54

4 Sterben, schlafen, vielleicht träumen 71

5 Ich schaue, du schaust 82

6 Iss, iss, und dir wird es besser gehen 93

7 Die Stadt liegt nicht am Meer 104

8 Heilige, Berge und Gärten 116

9 Elend und Adel 127

10 Kicken gegen die Dekadenz 138

11 Praktiken der Selbstexotisierung 147

12 Alles oder nichts 158

Denken Sie an irgendein Problem (politischer, sozialer, kultureller, technischer oder sonstiger Natur) und geben Sie es zwei Italienern, damit sie es lösen, einem Mailänder und einem Sizilianer. Nach nur einem Tag wird der Sizilianer zehn Lösungsvorschläge vorweisen, der Mailänder nicht einmal einen. Nach zwei Tagen hat der Sizilianer hundert Lösungsvorschläge, der Mailänder keinen. Nach drei Tagen hat der Sizilianer tausend Lösungsvorschläge, und der Mailänder hat es schon gelöst. Giuseppe Tomasi di Lampedusa

Vorbemerkung: Die Stadt verändert sich, Bücher werden alt

Was immer den Sizilianern widerfährt, sie werden es mit einem geistreichen Witz kommentieren. Cicero

Jedes Buch sollte *zumindest* den Anspruch haben, für die Ewigkeit zu sein. *Zumindest den Anspruch*: das heißt, im Wissen, dass man *für die Ewigkeit* ohnehin nie erreichen kann. Man wird der Ewigkeit nicht einmal nahekommen können. Man sollte es trotzdem versuchen, und es lassen sich durchaus Bücher finden, die Zeugnisse dieser Sisyphusarbeit sind und Jahre, Jahrzehnte oder sogar Jahrhunderte überdauern. In aller Bescheidenheit kann ich sagen, dass die erste Version dieses Buches fast fünfzehn Jahre überdauert hat – immerhin. In diesem Zeitraum kam es zu mehreren Neuauflagen, und jedes Mal stellte sich die Frage, ob dem ursprünglichen Text irgendeine Änderung hinzugefügt werden sollte. Und bis jetzt war die Antwort stets ein stolzes *Nein*. Angesichts der Machart dieses Buchs war Ewigkeit sowieso unerreichbar, doch ein paar Kunstgriffe garantierten wenigstens einen geringfügigen Widerstand gegen das Vergehen der Zeit. Zum Beispiel: keine direkten Verweise auf ein Geschäft, ein Restaurant und ein Lokal, die naturgemäß früher oder später ihre Vergänglichkeit offenbaren.

Doch die Zeit steht nicht still, die Stadt verändert sich, Bücher werden alt. Auch dieses. Manche Seiten und ganze Kapitel der ersten Version, auf Deutsch: *Palermo sehen und sterben*, taugen heute nur noch als historische Dokumente, damit wir uns an frühere Zeiten erinnern können. In der Zwischenzeit haben sich sogar einige felsenfest scheinende Überzeugungen der Bewohner dieser Stadt gewandelt. Um ein Beispiel zu geben: Möglicherweise haben die Händler endlich die Vorstellung abgelegt, dass eine

Fußgängerzone den Weltuntergang bedeuten würde, wie sie es immer gedacht haben. Das scheint nicht der Rede wert, aber man kann da schon von einer genetischen Veränderung sprechen, denn ihre Grundüberzeugung ist die, dass die Bewohner der Stadt nichts kaufen wollen, wenn sie nicht mit dem Auto bis vors Geschäft fahren können. So war es – und so ist es nun nicht mehr.

Daher sollte man auf die wiederkehrende Frage »Hat sich die Stadt verändert?« heute ehrlich mit Ja antworten. Es wäre auch seltsam, wenn es nicht so wäre, da sich im Lauf der letzten zwanzig Jahre auch der Rest der Welt verändert hat. Und weil das Wort *Veränderung* kein bloßes Synonym zu *Verbesserung* ist, ist die folgende Spezifizierung wichtig: Ja, in vielerlei Hinsicht hat sich die Stadt zum Besseren verändert. Ohne sich dabei zu Triumphgeheul hinreißen zu lassen, das passende Gegenstück zum hier allgegenwärtigen Defätismus, können wir sagen, dass wir heute wenigstens ein bisschen besser dastehen als vorher.

Gewiss: Man sollte unsere ewige Neigung zum sogenannten *annacamento* nicht unter den Tisch fallen lassen – immer, wenn man zwei Schritte nach vorn geht, tut man auch einen zurück, einen nach rechts und einen nach links, wodurch die Bewegung nur bedingt einem tatsächlichen Vorankommen entspricht. Doch solche Formen des *annacare* liegen in unserer Natur. Die Geschichte – und insbesondere die sizilianische – war nie einfach eine Autobahn, auf der man schnurgerade in eine Richtung rasen konnte, die – unsere – Geschichte gleicht eher einem gewundenen Wald- und Feldweg mit häufigem Gegenverkehr, weswegen man ständig zurücksetzen muss und Gefahr läuft, die Böschung hinunterzurutschen. In manchen Momenten hat man geradezu das Gefühl, sich verfahren zu haben, aber nein: Es stimmt schon, das ist die richtige Richtung.

Wir reden hier über eine Stadt, die einen alles andere als stabilen Charakter hat. Gerade das Unruhige und Ungelöste machen ihre Faszination aus. Es wäre unnütz, von ihr zu verlangen, sie solle anderen Städten ähneln, deren Schönheit gefestigt, geordnet und angenehm ist. Es fragt doch auch niemand, ob Venedig sich verändert habe, weil das Problem sich nicht stellt. Man kehrt nach zwanzig Jahren dorthin zurück, und Venedig ist immer noch mehr oder weniger die gleiche Stadt, unbeweglich, weil schon perfekt. Unsere Stadt wird nie so sein. Sie kann sich noch verbessern, Spielraum dafür gibt es jedenfalls reichlich, aber eine Gewissheit besteht schon jetzt: Perfekt wird sie nie sein. In ihrem Webmuster wird es immer einen Fehler geben, in der wärmsten Tönung wird man immer noch wenigstens einen dunklen Fleck finden. Wir sollten darüber nicht zu glücklich sein (paradoxerweise besteht diese Gefahr), aber auch nicht über die Maßen deprimiert. Wir sollten uns lieber bewusstmachen, dass wir wie gewisse Käsesorten sind, die sich den von der Europäischen Union vorgeschriebenen Hygieneregeln entziehen, weil ihr Geschmack gerade von dieser unnennbaren Zutat herrührt, die nur in sehr geringer Menge benutzt werden sollte. Eine Zutat namens *gràscia*, was Schmierigkeit in der Fett-Variante bedeutet. Sie ist unnachahmlich und unabdingbar, wenn man die Natur des Käses nicht verunstalten und den Geschmack jedes authentischen Tumazza-Käses zu dem eines gemeinen Supermarkt-Galbanino degradieren will.

Im Lichte der identifizierten Veränderungen ließ sich eine Neufassung dieses Buchs nicht weiter aufschieben. Allein schon aus Sorgfaltspflicht gegenüber dem ursprünglichen Empfänger dieser Seiten: dem anonymen Reisenden, der sich, von all seinen Vorurteilen gehemmt, in seinem Hotelzimmer verbarrikadiert hat – aus Angst, dass er seine Vorurteile alle einzeln mit der Realität abgleichen muss. Dieses Buch ist aus dem Bedürfnis heraus entstanden, ihm Trost zu spenden. In dieser Stadt spürt man eine weitverbreitete moralische Verpflichtung, die lieben Fremden, die uns besuchen, zu begleiten. Wir sehen es aus Gründen, die sich unserem eigenen Verständnis entziehen, als unsere Pflicht an. Das Gefühl eines abwehrenden Stolzes, den die Bewohner der Stadt kultivieren, grenzt auf mysteriöse Weise an ein Schuldgefühl. Wir wissen, dass wir es mit einer Stadt zu tun haben, die gleichzeitig Dr. Jekyll und Mr. Hyde sein kann. Die in der Lage ist, aus jedem Kuss einen Biss werden zu lassen, und zwar immer mit denselben Lippen. Zart und grausam ist sie, diese Stadt. Sie ist schnell verletzt und zieht sich auf ihre eigenen Fehler zurück. In gewissen Momenten ist sie kurz davor zu ertrinken, du eilst ihr zu Hilfe, und sie reißt dich mit in den Abgrund. Tatendrang und

Abstoßung sind übliche und zweischneidige Instinkte all derjenigen, die mit diesem Ort zu tun haben.

Lieber widerwilliger Reisender, denk erst gar nicht daran, dich zu drücken. Auch du bist ein Klischee. Der jüngste Abkömmling eines illustren Geschlechts, das vielleicht mit Goethe begann, der Sizilien einige Jahre nach Erscheinen der ersten Auflage der *Encyclopédie* besuchte, dem Grundstein der Aufklärung. In diesem Buch liest man über die Hauptstadt Siziliens die folgende Definition: »Antike Stadt, die von einem Erdbeben zerstört wurde«. Soviel dazu, wie schwer Vorurteile allen guten Absichten zum Trotz wiegen können.

Als Prototyp des Reisenden *in partibus infidelium* ließ Goethe sich von vielen Dingen überraschen, die auch dich überraschen werden. Dir wird zum Beispiel auffallen, dass die Stadt dazu neigt, ziemlich dreckig zu sein. Je nach Jahreszeit sogar sehr dreckig. Eine Szene ist oft zitiert worden: wie der deutsche Schriftsteller einen Bewohner unserer Stadt für die Müllschicht, die die Straßen pflasterte, zur Rechenschaft ziehen wollte. Er war entrüstet, wie normal man es fand, den Abfall direkt auf die Straße zu werfen. Der Einheimische antwortete, die Müllschicht diene dazu, die vorüberfahrenden Kutschen der Aristokratie so abzufedern, dass die adligen Lenden nicht unter der Unebenheit des Straßenbelags leiden müssten. Goethe verstand diesen Sinn für Humor nicht und regte sich auf, obwohl er einer typisch sizilianischen Art der Entdramatisierung begegnet war. Über sich selbst zu lachen ist eine der Tugenden, die in Sizilien so lange gepflegt werden, bis sie zur Untugend werden. So entsteht ein System, das vor Empörung schützt. Ein großer Sizilianer, Enzo Sellerio, verteidigte sich auf gleiche Weise gegen einen Journalisten, der ihn fragte, wie er in einer Stadt leben könne, die vor Müll überquelle. Sellerio antwortete ihm:

»Ich lebe nicht in dieser Stadt, ich lebe bei mir zu Hause.«

Darauf kommen wir später noch mal zurück. Doch, lieber Reisender, du solltest bis dahin lernen, diese Prise Sarkasmus wiederzuerkennen. Dieser Sarkasmus wird oft gebraucht, um die Klischees zu verjagen, auch wenn wir selbst diese Klischees dann wieder nähren. Es wird einem bei der Lektüre von Goethes

Reisetagebuch außerdem gar nicht klar, ob ihm unsere Stadt nun gefallen hat oder nicht – oder ob ihm wenigstens ihre Bewohner gefielen. Nicht, dass wir bedingungslose Wertschätzung erwarten würden, wir wissen ja, dass diese Gegend voll konfliktreicher Liebe ist. Es hat den Anschein, dass diese Stadt ihm nicht *griechisch* genug vorkam. Wenigstens nicht getreu der Idee von Griechenland, die Goethe auf seiner Reise in diese Breiten suchte. Aber mal ehrlich: Wir, die Einwohner dieser Ecke Siziliens, sind wirklich nicht besonders griechisch. Wir sind punisch, wir sind arabisch, wir sind normannisch. Wir sind ein Smoothie aus Ethnien und Kulturen, in dem das Griechische eine zweitrangige Zutat ist. Oder vielleicht haben wir vom Griechischen nicht gerade die apollinische Komponente aufgesogen, die Goethe am meisten zu schätzen schien. Apollinisch sind wir mit Sicherheit nicht: dionysisch, möglicherweise. Doch was Goethe auf seinem Weg an Dionysischem begegnete, tat er als unecht ab. Alle Realien, die seiner Theorie des Klassischen widersprachen, wurden beiseitegeschoben. Die verrückte Seite von uns Sizilianern mochte er nicht, aber es ist sehr offensichtlich, dass er nach und nach ihrer Faszination erlegen ist. Wieso sollte er sonst das Geburtshaus von Giuseppe Balsamo aufsuchen, dem angeblichen Grafen von Cagliostro? Die Figur des großen Hochstaplers Cagliostro steht derjenigen Goethes diametral entgegen, zumindest, was seine Sympathien für die speziellen Neigungen dieser Stadt angeht.

Man sagt, dass man entweder alle Menschen für kurze Zeit oder manche Menschen die ganze Zeit an der Nase herumführen kann. Der verzweifelte Wetteinsatz jedes Hochstaplers besteht darin, diese Maxime Lügen zu strafen und es zu schaffen, alle Menschen die ganze Zeit über zu betrügen. Die Cagliostri aller Epochen spielen, gewinnen, verlieren, bis niemand ihnen mehr Glauben schenkt und sie deshalb das Spielen einstellen müssen. Als Goethe Cagliostros Geburtshaus im Viertel L'Albergheria besuchte, hatte der seine Karriere als angeblicher Zauberer bereits in den Tiefen des Kerkers von San Leo beendet, wo er den Tod erwartete. Doch Giuseppe Balsamo war nur der Prototyp eines Modells, an dem dieses Land noch heute großen Bedarf hat, und zwar geht das so weit, dass neben der En-Gros-Eigenproduktion von Cagliostri auch beständig welche importiert werden. Es handelt sich dabei um Personen, die in der Lage sind, durchs Leben zu gleiten und sich dabei stets deutlich über den eigenen finanziellen, kulturellen und intellektuellen Mitteln zu halten: der Theater-Impresario, der jahrelang Institutionen und öffentlichen Einrichtungen Gelder aus der Tasche zieht, der kleine Despot in Schulungslehrgängen, der mehrfache Sternekoch im angeblichen Anti-Mafia-Einsatz und der in Verruf geratene Kunstkritiker, der nur noch hier Mittel und Beistand findet.

Der Besuch bei Cagliostros Mutter wird in Goethes Tagebuch mit einer Fülle von Einzelheiten wiedergegeben, was als Zeichen einer widrigen Faszination verstanden werden kann. Und noch mal die gleiche Frage: Wieso sollte man sich eine Reise bis nach Bagheria antun, um die Villa Palagonia und ihren vor steinernen Monstern nur so wimmelnden Park zu besuchen? Goethe wusste alles über dessen exzentrischen Erfinder Ferdinando Francesco Gravina und konnte sich sicher die dionysische Kraft vorstellen, die aus diesen Statuen tropfte. Doch er wollte dort unbedingt hingehen, und schließlich stempelte er die Villa Palagonia nicht einmal als Frucht des Wahnsinns, sondern vielmehr der Einfalt ab. Wer weiß, was der deutsche Schriftsteller sagen würde, wenn er entdeckte, dass die Villa Palagonia und ihre Monster heute vom größeren Wahnsinn des Schwarzbaus überragt werden. Wahrscheinlich wäre es schwierig, seiner teutonischen Logik gerade das Konzept des Schwarzbaus verständlich zu machen. Wenn bei ihm die dionysische Saite dieser Stadt seinerzeit keinen Anklang gefunden hat, scheint die Hoffnung unnütz, dass er sie in ihrem heutigen Zustand zu schätzen wüsste, da sie fast bis zum Zerreißen überdehnt wurde.

Wenn wir auf die jüngste Gegenwart zurückkommen, stellen wir unter den radikalen Veränderungen die Rückkehr des Bürgermeisters Leoluca Orlando fest, der nach einem etwas mehr als zehnjährigen Interregnum einen enormen Versuch der Wiederbelebung der Stadt in Angriff genommen hat. Auf Orlando müssen wir bereits hier zu sprechen kommen, weil seine Person uns zu verstehen hilft, wie viele Dinge in dieser Stadt laufen, deren natürlicher, unvermeidbarer, quasi dauerhafter Bürgermeister er ist.

Mit der Zeit hat sich Orlando in eine mythische Figur verwandelt, halb Mensch, halb Bürgermeister. Die, die ihn lieben, und die, die ihn hassen, nennen ihn gleichermaßen *Sinnacollànno*. Dabei handelt es sich um ein Wort, das aus zwei Begriffen zusammengesetzt ist, die inzwischen synonym behandelt werden, sich beinahe vollständig überlagern: Bürgermeister, italienisch *Sindaco*, und sein Nachname *Orlando*. Was auch immer man über ihn denkt, die Geschichte wird sich an ihn als den Bürgermeister schlechthin erinnern, und zwar nicht nur wegen der Dauer seiner mehrfachen Amtszeiten, deren Ursprünge bis in die Achtzigerjahre zurückreichen. Er war ein linker Bürgermeister in einer rechten Stadt. Bürgermeister der Faulenzer und Bürgermeister der Eliten. Bereit zur Verkostung von Austern und eingelegten Sardinen gleichermaßen, Familienvater und Firmenchef, Padre und Padrone, demokratisch und despotisch, fähig zu sehr großzügigen Anwandlungen, ebenso wie zu plötzlich hervorbrechendem gnadenlosem Zynismus. Seine Stärke war immer, dass er sowohl mit der Sprache der Aristokratie als auch mit der der Enterbten sehr vertraut war, mit jener der Kultur und jener des Volkes. Als überparteilich im Konsens wie im Dissens wird er von der Öffentlichkeit gleichermaßen geliebt und gehasst. Daher war man nie in der Lage, ein objektives kritisches Fazit zu seiner Figur zu ziehen. Jeder Beobachter scheint von ihm lediglich einen kleinen Teil seiner Persönlichkeit zu begreifen, und auf Grundlage dieses Ausschnitts bildet er sich ein, sich ihm anschließen zu können. Lange Zeit war er der Don Giovanni der Kommunalpolitik, der jeden verführen konnte, auch Menschen, die sehr weit von seinen Idealen entfernt waren. Die Radikalisierung jedweder Ansicht ist nicht gleich eine speziell lokale Neigung, nur weil die Dinge hier mit einer besonderen Heftigkeit geschehen. Aber bei allen Vorurteilen muss Orlando zugutegehalten werden, dass er die Welle dieser Stadt besser zu reiten wusste als jeder andere, sodass er geradezu ihre Verkörperung wurde, im Guten wie im Schlechten. Der quecksilbrige, bipolare, unbegreifliche Charakter Orlandos ist abgepaust vom quecksilbrigen, bipolaren und unbegreiflichen Charakter der Stadt. Gerade deshalb wäre er eine hervorragende Romanfigur. Doch neben seiner komplexen Identität stellt das quecksilbrige Wesen auch ein Problem für alle dar, die seine Eigenschaften in einem literarischen Werk festhalten wollen. Die Belichtungszeiten der Literatur sind sehr lang. Er aber, der von einem beneidenswerten Stoffwechsel erhalten wird, kann nicht lange stillsitzen. Vielleicht wird der so sehr ersehnte Roman über diese Stadt (wir werden noch darüber sprechen) ein Roman mit Orlando als Protagonisten und Star sein, im Guten und im Schlechten.

Auch als diese Stadt zur italienischen Kulturhauptstadt ernannt wurde, spalteten sich die Bewohner in zwei Lager: Orlandisten und Antiorlandisten. Die Entscheidung traf offenbar einen wunden Punkt und führte zu blindem und wahllosem Streit. Darin besteht ein Charakterzug, der in diesen Jahren gut sichtbar zugenommen hat: Die Bewohner dieser Stadt sind sehr streitsüchtig geworden. Wir streiten über alle möglichen Themen, aber besonders über das Bild, das die Stadt nach außen hin abgibt. Es ist eine haarspalterisch-pirandellohafte Neigung, die dazu führt, dass man sich ständig aufs Neue spaltet, ja, jedes einzelne gespaltene Haar auch noch vierteilt. Die beiden entgegengesetzten Gruppen von Bürgern sind die der *Stolzen* und die der *Sarkastischen*, wobei die zweite Gruppe je nach Ort durch einen ihrerseits sarkastischen Ausdruck gekennzeichnet wird: *Feinde der Zufriedenheit*. Die erste Gruppe hat die Ernennung zur Kulturhauptstadt mit großer Genugtuung aufgenommen. Die zweite Gruppe hat ihrem Sarkasmus dadurch Ausdruck verliehen, dass sie bezweifelte, ob die Stadt der Rolle gewachsen sei (ihr Schlüsselsatz: *Von wegen Kulturhauptstadt: Müllhauptstadt!*).

Die Ernennung zur Kulturhauptstadt war in Wahrheit allein schon wegen der Ablagerung verschiedener Kulturen, für die die Stadt seit Jahrhunderten steht, mehr als verdient, unabhängig davon, wer sie vorübergehend verwaltet. Ihr kontroverses und verunstaltetes Wesen kann daran nichts ändern, ganz im Gegenteil: Die Bösewichter waren schon immer so viel faszinierender. Die Touristen, die sich in letzter Zeit vervielfacht haben, nehmen ihren Besuch in der Stadt als kalkuliertes Risiko wahr, das durchaus Emotionen wecken kann, ohne jedoch eine ernsthafte Gefahr darzustellen. Sie neigen außerdem dazu, im Angesicht der lebendigen Gegensätze, denen sie auf den Straßen begegnen, weiterhin verzückt zu sein. Die Bewohner der Stadt müssen in den Unterhaltungen mit den Gästen vom Kontinent sogar oft den eigenen Enthusiasmus herunterschrauben, um zu erklären, dass die Stadt zwar auch über ihre unbestreitbare Schönheit hinaus sehr verführerisch sein kann, aber so manches Problem bleibe natürlich trotzdem noch (ein Euphemismus). Doch einen Fremden auf seinem Spaziergang zu begleiten bedeutet, dass man die Dinge durch seine Augen sieht, um sich von dem verblüffen zu lassen, was wir nicht mehr sehen, obwohl es direkt vor uns liegt. Wenn man mit den Augen der anderen urteilt, ist es unbestreitbar, dass sich zumindest in den letzten Jahren ein kulturelles, wohl noch gasförmiges Ferment feststellen lässt, und gerade das Jahr als Kulturhauptstadt bot eine Gelegenheit, dieses gasförmige Ferment in einen festen Aggregatzustand zu überführen. Die Champagnerflasche ist – bildlich gesprochen – endlich geköpft worden, doch binnen kurzer Zeit wird da nichts mehr perlen, wenn wir nicht etwas Umsicht walten lassen. Gleiches gilt für die *Manifesta*, die Kunstbiennale, die zumindest das Verdienst hat, auf eine Schönheit aufmerksam gemacht zu haben, die der Rest der Welt viel zu lang übersehen hatte. Jemand sagte einmal, und das zu Recht, dass die Stadt der *Manifesta* mehr gegeben habe als die *Manifesta* der Stadt. Tatsächlich verschwanden die Kunstinstallationen schließlich wieder, im Gegensatz zu den Containern, die sie aufnahmen. Die Installationen gehen, die Container bleiben.

Der Weg ist gewiss noch lang, er wird nicht gerade sein und auch nicht angenehm leicht bergab gehen, aber wir haben ihn mit Sicherheit in Angriff genommen. Vielleicht werden wir Bewohner morgen in einer Stadt leben, die immer noch schwer am Müll trägt (die Perfektion ist hier nicht zu Hause), aber es wird wenigstens ein bisschen besser sein als früher. Also wollen wir zu Protokoll geben, dass wir hier von einer Stadt reden, die niemand jemals so verbiegen könnte, dass sie sich gänzlich dem gesunden Menschenverstand fügt. Die Stadt ist unbeherrschbar, und Orlando ist eben der Verwalter, der es zumindest geschafft hat, länger als jeder andere im Sattel zu bleiben.

Manches könnte sich weiter verbessern, wenn die Bewohner der Stadt ihre Neigung, die Komplexität der Welt einzig durch die miteinander nicht zu versöhnenden Brillen von Orlandismus und Antiorlandismus zu betrachten, noch etwas abschwächen würden. Heute ist es schwierig, über die Oberflächlichkeit der Dinge hinauszugehen und eine Diskussion zu wagen, wenn man weiß, dass das Gehirn deines Gesprächspartners derweil auf folgende Weise arbeitet: *Das sagt er nur, weil er Orlandist ist.* Oder: *Das sagt er nur, weil er Antiorlandist ist.* Eine Vereinfachung, der man wenigstens seit den Neunzigerjahren unmöglich entkommen konnte. Gewiss hat die Möglichkeit zur Direktwahl der Bürgermeister überall eine Wunderheiler-Erwartungshaltung gegenüber dem Wirken der Stadtverwalter erzeugt. Doch es ist auch wahr, dass Orlandos Charisma hierbei einen rationalen Zugang nicht gerade begünstigt, da es wesenhaft auf dem moralischen Dilemma namens *Entweder mit mir oder gegen mich* beruht.

Mit Blick auf den Lauf der Geschichte kann man sagen, dass Orlando in der Lage war, seinerzeit einigermaßen erfolgreich ein hoffnungsloses Spiel zu spielen, nämlich die Wiege der Cosa Nostra in die Hauptstadt der Rechtsstaatlichkeit zu verwandeln. Was auf den ersten Blick wie eine Liebe zum Paradox scheinen mag, erweist sich auf die Dauer als einfache und effektive Marketingstrategie, die darin besteht, sich vollkommen unbekümmert in den Ring zu werfen und sich danach klammheimlich wieder zurückzubewegen. Nach einigen Jahren ist die Stadt gewiss nicht zum Vorbild an Rechtsstaatlichkeit geworden, aber nun wird sie wenigstens nicht mehr als ein Ort wahrgenommen, wo man an jeder Straßenecke sein Leben riskiert. Auf die gleiche Weise ist die Stadt an einem gewissen Punkt tatsächlich zur Kulturhauptstadt geworden, nachdem mit allen Mitteln die Rolle der Kulturhauptstadt heraufbeschworen wurde. Aus all dem rührt ein wiedergefundener Stolz auf die Zugehörigkeit her, den zu unterschätzen falsch wäre. Was das Wirtschaftliche angeht, ist die Situation leider komplizierter. Hier funktioniert es nicht so leicht, unbekümmert zu sein und eben zu hoffen, dass die Dinge wahr werden, solange man sie als ausgemacht hinstellt. Allein schon deshalb nicht, weil es private Investoren bräuchte, die ein paar Groschen aufwenden, um Arbeitsplätze zu schaffen, Leute also, die mit deutlich größerer Vorsicht handeln als Künstler.

Doch etwas bewegt sich auch in diesem Bereich, und das Zugpferd ist wieder die Kultur. Ein großer auswärtiger Mäzen namens Massimo Valsecchi hat, nachdem er die halbe Welt bereiste, den Palazzo Butera gekauft, ein Bauwerk aus dem 18. Jahrhundert, mit Meerblick. Er hat es auf eigene Kosten restauriert, um es in ein Kulturzentrum zu verwandeln, in dem nun auch seine Kunstsammlung beherbergt ist. Ein unverhofftes Geschenk hier im Süden, wo es noch viel unmöglicher als bloß unwahrscheinlich ist, einen privaten Sponsor für Kulturelles zu finden. Ein Zeichen für unsere neue Fähigkeit, Ideen und Kapital anzuziehen, die in der Vergangenheit weggeblieben sind.

Man müsste sich generell den Übertreibungen entziehen, die den Bürgermeister, die Stadt, im Grunde die ganze Insel betreffen und immer auf die extremen Gegensätze von Optimismus und Pessimismus zugespitzt sind. Man ist im Angesicht gewisser Missstände der Stadt häufig versucht, all ihren Unannehmlichkeiten entkommen zu wollen. Auf lange Sicht verstärkt das aber nur den ohnehin schon überentwickelten Zynismus ihrer Bewohner. Denn viele glauben sich dadurch ermächtigt zu sagen: »Siehst du? Ich hab dir doch gesagt, dass sich nichts ändert.« Wenn der Verfall von Stadt und Gesellschaft zum alltäglichen Anblick gehören, wird es immer jemanden geben, der argumentiert, dass man eben lernen müsse, mit den Trümmern der Moral zu leben. Ein Teil der Bevölkerung neigt typischerweise zur Resignation, weil man sich in seiner eigenen Rückständigkeit wohlfühlt, seine Freude hat am eigenen großstädtischen Provinzialismus, an der eigenen Kurzsichtigkeit und daran, auf ewig das Ei von heute dem Huhn von morgen vorzuziehen. Doch es gibt auch einen Teil der Zivilgesellschaft, dessen Bewusstsein noch nicht vollständig betäubt ist. Gerade wenn alles verwässert und verloren scheint, kommt wie durch ein Wunder aus dem Nichts wieder Hoffnung auf. Und es sind die Verrückten, die diese Hoffnung zurückbringen, die Visionäre. Die Hoffnung wird wiedergeboren durch die wenigen, die sich dem Status quo nicht anpassen, die sich nicht von ihrem Weg abbringen lassen, die sich weigern, Köpfe und Ideen zu einem unbenutzten und unbenutzbaren Klumpen anzuhäufen. Oft sind es Talente, die abseits der etablierten Kreise zur Welt kommen, junge Menschen, denen es gelingt, inmitten des schädlichen Skeptizismus ihrer Mitbürger eine Bresche zu schlagen.

Heute ist der stärkste Charakterzug der Bewohner dieser Stadt wahrscheinlich mehr denn je, dass sie sich streiten und bei jedwedem Thema gespaltener Meinung sind. Vielleicht sind die Orte zum (Über-)Leben zu knapp geworden, die Mittel rar gesät, und die Menschen leben zu eng aufeinander. Tatsache ist, dass auf schmerzliche Weise wahr bleibt, was Leonardo Sciascia über die Sizilianer sagte: Nur die schlechtesten sind in der Lage, Mafia-Clans zu bilden. Die besseren hingegen laufen einsam durchs Leben und hegen recht häufig ihren Groll, gerade wenn sie auf mögliche Verbündete treffen. Normalerweise, mit einigen glücklichen Ausnahmen, gibt es in einer Situation offener Konkurrenz keinen Platz für Fairplay. So versuchen die Konkurrenten dann nicht einmal, in einen gesunden Wettbewerb zu treten, lehnen es ab, eine positiven Kreislauf in Gang zu setzen, vielmehr verändert sich das Ganze schnell zu allgemeiner Feindseligkeit. Die Niederlage des Gegners ist immer schöner als der eigene Erfolg. Es überrascht, dass im ausgesprochen reichen sizilianischen Dialekt ein Äquivalent des großartigen deutschen Wortes *Schadenfreude* fehlt. Nicht einfach Neid, kein Unglückswunsch, sondern schlicht die Zufriedenheit im Angesicht der Rückschläge, die einen anderen treffen, vielleicht sogar einen Freund – umso mehr vielleicht bei einem Freund –, und ohne dass mit dem Unglück des anderen ein eigener Vorteil für den, der dieses Gefühl hat, einhergehen würde. Auch wenn es dafür im Sizilianischen keinen äquivalenten Ausdruck gibt, ist es in diesen Breiten ein sehr tiefgreifendes Problem. Ein Gegengift ist die Aufschrift, die sich manchmal auf der Rückseite von Wohn- oder Lieferwagen findet: »Dein Neid ist mein Motor.«

Dazu eine kleine exemplarische Geschichte, um dieses Gefühl schändlicher Zufriedenheit besser zu verstehen: Man sagt, dass Gott, um Frieden zwischen zwei sizilianischen Hirten zu stiften, die sich seit Jahren um Weidegrund stritten, zu einem der beiden ging und ihm sagte:

»Ich werde dir alles geben, was du möchtest, aber wisse auch, dass ich alles, was ich dir gebe, deinem Nächsten doppelt geben werde, um dich vom Neid zu befreien.«

Der Hirte war erstaunt ob des Angebots, geradezu irritiert. Was immer ihm in den Sinn kam, zerfiel beim Gedanken daran, dass sein Gegner davon das Doppelte haben würde. Der Hirte quälte sich lange, bevor er sich entschied und Gott zur Antwort gab:

»Also gut, nimm mir ein Auge.«

Wenn in der Stadt ein ganz normaler Bürger die Straße jenseits der eigenen Eingangstür fegt, erregt er sofort Verdacht. Die Nachbarn denken:

»Für wen macht er das?«

Das ist das böswillige Vorurteil: Wenn jemand sich bemüht, muss unbedingt etwas dahinterstecken. Da muss unbedingt ein persönlicher Vorteil im Spiel sein. Und wenn schon nicht für ihn, dann sicher für jemand anderes. *Für wen machst du das?* ist ein wirklich toxischer Ausdruck, der das zivile Zusammenleben zutiefst vergiften kann. Es bedeutet einen sozialen Schaden – einen geradezu anthropologischen –, und hervorgebracht hat ihn im Laufe der Zeit auch die öffentliche Verwaltung, weil sie sich sogar Sprechstunden zu nichtigen Anlässen bezahlen ließ und so den Chromosomen der lokalen Bevölkerung die Überzeugung eingepflanzt hat, dass man nichts jemals umsonst tut.

In manchen Fällen tragen die Dialektausdrücke eine Komplexität in sich, die die italienische Sprache nicht vorsieht. Zum Beispiel: Man würde das Wort *lagnusìa* auf Anhieb einfach mit »Faulheit« übersetzen. Doch das wäre allzu simpel. Die *lagnusìa* ist nicht reine Faulheit. Es ist mit Gejammer gemischte Faulheit. Es tut weh, zugeben zu müssen, dass ein anderer ausgeprägter und wesentlicher Charakterzug der Bewohner dieser Stadt die Trägheit ist, schon an sich eine schändliche Eigenschaft. Doch im Fall der *lagnusìa* handelt es sich um ein unentwirrbares Gemenge, zu dem auch die Neigung zum Murren gehört. Sogar schon in der Wortherkunft überwiegt die *lagna* (Gejammer). Wir reden hier wirklich vom Murren, nicht von Protest. Protest würde schon eine Art Rebellion darstellen, die jedoch sowohl in den Chroniken als auch in der Geschichte fast nicht vorkommt. Darin besteht das Wesen des aggressiven Selbstmitleids: nichts tun und sich beschweren. Sich beschweren und nichts tun.

Man muss sich das so vorstellen: Auf jeden entschlossenen jungen Menschen, der sich für eine Vision einsetzt, kommt ein Tisch in der Bar mit vier erwachsenen Männern, die, ohne auch nur mit halber Stimme zu sprechen, dasitzen und sich in *lagnusìa* üben, weil ihnen selbst die Geschäftigkeit der anderen ein Dorn im Auge ist:

»Aber für wen macht er das?«

»Und was bringt mir das?«

»Wer weiß, wer alles daran verdient.«

Die vier Herren an ihrem Tischlein sind Teil einer besonders bösartigen Gruppe: der *'xperten*. Ein *'xperte* ist ein Experte, aber im schlechten Sinn eines Schlitzohrs. Die Komödienmaske des Giufà, in der man sich in Sizilien seit der Zeit der arabischen Vorherrschaft spiegelt, verkörpert eine regionale Figur in Reinform: den dummen Schlaukopf. Einer, der glaubt, im Sinne seines eigenen Interesses zu handeln, sich aber in Wahrheit selbst damit schadet. Er ist nicht zu verwechseln mit seinem entsprechenden Gegenteil, dem schlauen Dummkopf, der sich die Masse der dummen Schlauköpfe zum Werkzeug macht und so die eigenen Beschränkungen umgehen und sich einen persönlichen Vorteil verschaffen kann. Ein Beispiel: Dumme Schlauköpfe sind normalerweise die Wähler, schlaue Dummköpfe sind fast immer die, die gewählt werden. Daher stammt die klassische Definition der Schläue: die Intelligenz der Trottel.

Wir werden in Zukunft sehen, ob die jungen Visionäre oder die alten *'xperten* die Oberhand gewinnen, ob die unbestreitbare Neigung zur Hoffnung in diesen Jahren sich so wird festigen können, dass sie systematisch wird für die Stadt. Wir werden sehen, ob diese zarte Tendenz zur Wertschätzung unserer großartigen kulturellen Identität dazu dient, ein wirkliches Wachstum zu ermöglichen, und ob dieses Wachstum von Dauer sein wird. Und während man dies abwartet, müsste man sich so verhalten, wie man es in den Forstwissenschaften tut, wenn zur Festigung eines leicht abrutschenden Bodens Bäume gepflanzt werden, damit beim ersten Regen nicht alles umfällt. Und dieses Mal sollten wir es vermeiden, Pinien zu pflanzen, die Bäume, die unter ihrer Mähne nichts wachsen lassen und ganz leicht vom Wind entwurzelt werden können.

Schon allein, da Orlando früher oder später abdanken wird als ewiger *Sinnacollànno*, als unwiederholbarer *Sinnacollànno*, als die Pinie, unter der die ganze Bevölkerung einen bequemen Schutz gefunden hat. Und dann wird die Stadt trinken oder eben ertrinken müssen: entweder einen anderen Schutzheiligen wählen, wenn man das überhaupt schafft, und dann darauf hoffen, dass er es gut mit uns meint – oder über die Orlandismen und Antiorlandismen hinausgehen und sich dazu entschließen, endlich groß zu werden.

1 Willkommen in der Stadt

In Palermo gibt es so viele und so komplexe Dinge, dass ich nur einen kleinen Ausschnitt der Stadt zeigen kann. Ich kann an einem kurzen Abend nicht alles über Palermo sagen. Ich kann nur die Eindrücke darstellen, die mich tief im Innern getroffen haben, und von diesen auch nur einen sehr geringen Teil. Pina Bausch

Man sollte sich einen Fensterplatz geben lassen und darauf hoffen, an einem klaren, sonnigen Tag anzukommen. Den kann es auch im Winter geben, denn die Stadt will zu jeder Jahreszeit eine gute Figur machen. Wenn das Flugzeug zur Landung ansetzt, sieht man die roten Klippen von Terrasini und das türkisfarbene und tiefblaue Meer, ohne dass sich sagen ließe, wo das Tiefblau aufhört und wo das Türkis beginnt. Die Häuser, die sogenannten kleinen Villen, sind einem vielleicht zu viel, doch vom Himmel aus betrachtet sieht man ihnen nicht die Pfuscherei mit dem Anspruch auf Originalität an, die sie vom Boden aus offenbaren. Du schaust dir das alles an und denkst, du bist jetzt am schönsten Ort der Welt. Mal ehrlich, du glaubtest, schon eine Vorstellung von der Stadt und von der Insel zu haben, weil sich Klischees nicht so einfach vermeiden lassen, doch bei dem grandiosen Anblick der Küste rings um den Flughafen wird jede vorgefasste Meinung sofort hinfällig.

Während du aus dem Fenster schaust, hast du genügend Zeit, solchen Gedanken nachzuhängen, bei so viel Schönheit ins Schwärmen zu geraten und vielleicht sogar die Möglichkeit zu erwägen, alles hinzuschmeißen – Arbeit, Familie, Wurzeln –, um künftig hier zu leben. Doch kaum hat man sich für die Vorstellung eines immerwährenden Sommers erwärmt, meldet sich prompt ein Gegenargument. Auch das kommt durch das Fenster, denn während die Augen noch voller Licht und Meer sind, ragt plötzlich ein Gebirge vor einem auf. Ein riesiges graues Gebirge, an dem das Flugzeug jeden Augenblick zerschellen kann.

Der Flughafen Punta Raisi liegt auf einer schmalen Landzunge, die das Meer vom Berg trennt, was in der Vergangenheit dazu führte, dass ein Flugzeug über den Bergen abstürzte (am 5. Mai 1972) und ein weiteres über dem Meer (am 23. Dezember 1978). Der Flughafen der Stadt ist so. Die Stadt ist so. Du, lieber Reisender, wusstest das vor deiner Abreise, doch vor der blendenden Schönheit der Landschaft hast du es vergessen. Nun wirst du womöglich von einer leichten Panik erfasst, weil der Berg immer näher kommt, und zwar auf beängstigende Weise. Doch sei unbesorgt, am Ende wird gar nichts passieren, denn die Piloten sind inzwischen geübt darin, exakt auf dem befahrbaren Streifen zwischen Meer und Berg aufzusetzen, und dann kannst du erleichtert darüber nachdenken, dass die Stadt es nicht versäumt hat, dich von Anfang an zu warnen: Glaube ja nicht, dass die Dinge hierzulande immer so sind, wie sie auf den ersten Blick erscheinen. Du kannst dich nicht einfach in die Betrachtung des Schönen versenken, als wären wir in Polynesien oder in der Toskana. Hier darf man sich auf nichts verlassen, im Gegenteil, gerade im Augenblick höchsten Entzückens kommt der Schlag in die Magengrube, lässt dich nach Luft schnappen und zwingt dich, wieder Abstand zu den Dingen zu suchen.

Die Schwierigkeiten des Piloten beim Landeanflug, die komplizierte Vermeidung so gegensätzlicher Gefahren wie Meer und Berg, sind eine Metapher für die alltäglichen Schwierigkeiten, die das Leben auf der Insel im Allgemeinen und in der Stadt im Besonderen kennzeichnen, einer Stadt, die nicht nur die Hauptstadt der Insel ist, sondern auch so etwas wie deren grandioses Extrem. Besser, du entspannst dich nie und bleibst auf der Hut. Von einem Moment zum nächsten könnte etwas geschehen, was nicht wiedergutzumachen ist.

Sobald du dein Gepäck zurückerobert hast, nimmst du dir ein Taxi und hältst die Augen offen. Um eine Stadt zu verstehen, braucht man oft nur vom Flughafen ins Zentrum zu fahren. Hat man keine Zeit für einen ausführlichen Stadtbummel – etwa weil man auf einen Anschlussflug wartet –, genügt es auch, mit dem Taxi einmal hin- und zurückzufahren. Entlang der Autobahn findet sich eine Menge von dem, was uns die Stadt bewusst oder unbewusst über sich verraten will. Längst nicht alles und auch nicht alles freiwillig. Doch wenn man die Augen offen hält, versteht man zumindest ein paar Dinge. Zwischen Flughafen und Stadtzentrum, da liegt die Visitenkarte einer jeden Stadt. Es gibt Städte, die das wissen, die das berücksichtigen und ihr Image pflegen, indem sie das Beste von sich zeigen. Es gibt aber auch Städte, die auf ihr Image pfeifen und alles dem Zufall überlassen. Diese Stadt gehört zur zweiten Kategorie. Allerdings hat auch der Zufall stets noch einige Tricks in petto. Im Umkreis von nur wenigen Kilometern hat er mindestens drei Attraktionen verteilt. Drei Indizien, die sich im Laufe deines Aufenthalts noch als nützlich erweisen werden.

Das erste kommt fast sofort. Schaust du nach links zum Meer, entdeckst du ungefähr auf der Höhe von Carini eine Art Slum, direkt auf den Strand gebaut. Der verwahrloste Zustand der Häuser und die Tatsache, dass sie offenbar aus Material von einem Müllplatz bestehen und von Salz zerfressen sind, legt den Gedanken nahe, dass diese Siedlung notgedrungen illegal gebaut wurde. Von Bewohnern, die in Verhältnissen wie in der Dritten Welt leben müssen. Man mag sich mit Fug und Recht vorstellen, dass manche so schlau waren, aus der Not eine Tugend, ja, gleich einen Vorteil zu machen, sodass sie, wenn sie schon ein Dach über dem Kopf brauchten, dies ebenso gut am Meer errichten konnten. Doch von wegen. Drohende Obdachlosigkeit herrscht hier nicht. Diese Bruchbuden sind die Zweitwohnungen der Stadtbewohner. In diesen Häusern verbringen die Leute ihre Sommerferien.

Man baute sie irgendwann nach den Regeln des Wilden Westens. Will heutzutage jemand witzig sein, bezeichnet er das als kreatives Bauwesen, obgleich dieser Begriff allmählich seine sarkastische Bedeutung verliert und sich das »kreative Bauwesen« zu einem eigenständigen architektonischen Stil entwickelt. Die Hauswände sind nicht verputzt, weil auch später noch Zeit dafür bleibt. Und die Armierungseisen ragen aus dem Dach, weil man irgendwann schon in der Lage sein wird, ein Stockwerk für die Tochter anzubauen, die bald heiratet. Es gibt verschiedene Gründe, weshalb man die Häuser von außen unfertig lässt, praktische und sozusagen moralische Gründe. Unterdessen wartet man immer auf eine Genehmigung, die die Behausung auch in den Augen des Finanzamts tadellos erscheinen lässt. Übrigens sind innen und außen durchaus zweierlei. Auf der Insel wird alles, was sich vor der Haustür abspielt, als entbehrlich betrachtet, wenn nicht gar als ordinär. Um sich davon zu überzeugen, braucht man sich nur ein Mehrfamilienhaus anzusehen. Ein x-beliebiges, in dem auch wohlhabende Leute wohnen. Man achte einmal darauf, wenn sich die Gelegenheit bietet: Nach sechs Uhr abends steht vor jeder Wohnung ein Müllbeutel direkt an der Tür. In den vorangegangenen Stunden hat er sich langsam gefüllt, bis die tüchtige Familienmutter dafür gesorgt hat, dass daraus ein Sack wird, der aus den eigenen heiligen vier Wänden verbannt werden muss. So schnell wie möglich wird der Müll der Gemeinschaft überantwortet, und sei es auch nur der Solidargemeinschaft, die hier vom Flur des Mietshauses repräsentiert wird. Ist der Müllsack verschnürt, geht er die Bewohner nichts mehr an. Der Abfall ist Sache der Gemeinschaft. Die Wohnung muss vom Schmutz der Welt unberührt werden. Deshalb kann man Gift darauf nehmen, dass die Häuser an der Küste von Carini, ganz im Gegensatz zu ihrer äußeren Erscheinung, innen wie geleckt aussehen. Um das äußere Erscheinungsbild scheren sich die Eigentümer nicht, es geht sie nichts an. Die Fassade ist Müll und somit Sache des Staates.

Es gibt aber noch einen anderen Grund, weshalb die Häuser so heruntergekommen aussehen. Die Bewohner der Insel hegen eine heilige Scheu vor jeder Form von Vollendung. Weihen sie ein Theater ein, tun sie es stets in Abwesenheit eines für den ganzen Ablauf entscheidenden Zubehörs. Bauen sie einen Staudamm, wird garantiert die Kanalisation noch nicht fertig sein. Um die Fertigstellung kümmert man sich später, falls das dann möglich ist. Hinter dieser systematischen Unfertigkeit lässt sich das Muster eines uralten Aberglaubens erkennen. Es hat geradezu den Anschein, als ahnten die Menschen hier, dass der letzten Vollendung ein latentes Unglück innewohnt. Hartnäckig hält sich der alte Glauben, die Erfüllung der Wünsche könne den bösen Blick von Neidern provozieren, doch damit nicht genug. Die eigentliche Besorgnis gilt dem Unbehagen, das daraus entsteht, dass einem etwas fehlt, nachdem man endlich eigentlich alles bekommen hat, was man sich wünschte. Immer gibt es etwas, was durch die noch so engen Maschen unseres eigenhändig gebastelten Netzes schlüpft. Also kann man die Dinge genauso gut laufen lassen, wie sie eben laufen. Vielleicht ist das auch ein Vermächtnis aus dem Nahen Osten. Die alten persischen Meister webten in die Vollkommenheit ihrer Teppiche stets einen winzigen Fehler ein. Sie taten dies absichtlich, um Gott nicht auf einem Gebiet in die Quere zu kommen, das einzig und allein ihm vorbehalten ist: auf dem der Vollkommenheit. Doch mit den Häusern am Strand von Carini hat man diese Form der Demut entschieden zu weit getrieben.

Vor einigen Jahren hat ein Bürgermeister versucht, sie abreißen zu lassen, und sich den Ärger der Eigentümer zugezogen. Als diese Eigentümer dann im Fernsehen auftraten, war zu erkennen, dass sie keineswegs zu der Sorte gehörten, die für gewöhnlich in einem Slum wohnen. Sie sahen nicht aus wie notgedrungen Illegale. Sie kamen aus gutbürgerlichen Kreisen und verfügten über alle Kenntnisse und finanziellen Mittel zur Verteidigung ihrer Rechte. Die Stadtverwaltung ließ kamerawirksam gerade noch ein paar Bruchbuden niederwalzen, bevor die Abrissarbeiten gestoppt wurden. Der Bürgermeister verlor die nächste Wahl, eine neue Verwaltung trat an, und von Abriss war nie wieder die Rede.

Als gutinformierter Reisender solltest du wissen, dass die Schwarzbauten in der Stadt und ihrer Umgebung nahezu die einzigen städtebaulichen Initiativen aus jüngerer Zeit sind. Die Vorschriften sind besonders in der Altstadt und in Küstennähe ausgesprochen streng, weshalb es außer der Sorte der skrupellosen Gauner niemand wagt, dort zu bauen. Eigentlich wurde seit dem Ende des Zweiten Weltkriegs kein einziges architektonisch anspruchsvolles Bauwerk mehr in Auftrag gegeben, weder privat noch von der öffentlichen Hand. Es gilt der Grundsatz, man dürfe Altes nicht mit Modernem infizieren. Dieser Grundsatz hat dazu geführt, dass die heutige Generation die erste und einzige in der Geschichte der Menschheit sein wird, deren Existenz auf

Erden keinerlei Spuren hinterlassen wird. Zumindest keinen niveauvollen Beitrag. Wenn Kunsthistoriker sich in tausend Jahren fragen, welcher architektonische Stil zwischen 1900 und 2000 vorherrschend gewesen sei, bleibt leider nur eine Antwort: der Schwarzbau.

Oder: die Pagoden. Denn wir haben hier auch Pagoden. Man findet eine ganze Menge davon, sobald man in die Stadt kommt, und es sieht so aus, als gehörten sie zu einem bestimmten städtebaulichen Plan, so gleichförmig und weiß, wie sie sind. Die Griechen haben uns das vollkommene Modell ihrer Tempel hinterlassen. Die Römer vollendeten das Ideal des Amphitheaters. Die Byzantiner hinterließen uns ihre Basiliken, die Araber Aquädukte und Moscheen, die Normannen die Kirchen mit den roten Kuppeln, die Spanier die katalanisch-gotischen Portale. Aus der Zeit des Barocks sticht der Prunk der Oratorien von Giacomo Serpotta ins Auge. Das Erbe des 19. Jahrhunderts zeigt sich in den streng geordneten Fassaden der Stadthäuser. Und ebenso werden auch die heutigen Bewohner der Stadt ihren Nachfahren eine architektonische Probe ihres Zivilisationsgrades hinterlassen, also das, was sie nach zehntausend Jahren Geschmacksentwicklung an den Ufern des Mittelmeers an Originalität und Fortschritt aufzubringen vermochten: Pagoden.

Sollte die Insel irgendwann einstürzen und im Meer versinken, sollte jede Erinnerung an sie ausgelöscht werden und sollten Archäologen in zweitausend Jahren wieder Siedlungsreste ans Licht befördern, würden sie unserer Zivilisation keinen anderen Namen geben als – die Pagodenkultur. Dies nicht wegen der Palazzina Cinese, des Chinesischen Schlösschens, das es ja auch gibt – ein Zeugnis königlicher Launen von Ende des 18. Jahrhunderts –, sondern wegen der Pavillons in Form einer weißen Pagode, die an allen Ecken und Enden der Stadt zu finden sind. Da die Pagode zudem aus Plastik besteht, ist sie biologisch nur schwer abbaubar, sodass es künftigen Archäologengenerationen ein Leichtes sein wird, das Pagodentum mit all seinen interessanten Facetten zu beleuchten.

Für die Bewohner der Stadt ist die Plastikpagode das, was die Nuragen für das sardische Volk gewesen sind. Das, was die großen Steinstatuen für die Bewohner der Osterinsel sind. Das, was die Trulli für die bäuerliche Kultur Apuliens sind. Das, was die Iglus für die Eskimo sind. Kein Garten, kein Markt, kein Parkplatz, keine Strandpromenade, die von ihnen verschont bliebe. Wo immer sich ein freies Fleckchen findet, wird sich früher oder später eine Pagode erheben. Das ist inzwischen ein bedingter städtebaulicher Reflex, eine Form von *horror vacui*. Jede Lücke in der baulichen Struktur, jede Aussicht aufs Meer oder eine andere Landschaft wird wie ein peinlicher Riss im Hosenboden empfunden. Und die Pagode ist der ideale Flicken dafür.

Egal, ob Geschenkartikel oder Bücher verkauft werden sollen, ob man einen Ausstellungsraum für Kunsthandwerk oder für Gemälde braucht oder ob man Unterschriften und Spenden für humanitäre Zwecke sammeln möchte, immer wird der bevorzugte architektonische Rahmen dafür eine Pagode sein. Ja, sogar der einzig mögliche. So eine Pagode ist praktisch. Sie lässt sich problemlos aufbauen und könnte auch leicht wieder abgebaut werden. *Könnte*, denn über den Abbau gibt es, offen gestanden, keine gesicherten Erkenntnisse, tendiert doch die Pagode von Natur aus dazu, zu bleiben, wo sie ist. Sie lagert sich ab. Sie erobert durch die Macht der Gewohnheit den öffentlichen Raum, in dem sie gebaut wurde. Wird sie aufgestellt, um im Hinblick auf Allerseelen einen Verkaufsstand für Spielzeug zu beherbergen, lohnt es sich nicht, sie so kurz vor dem Jahreswechsel wieder abzubauen, denn dann sollen Weihnachtsschmuck und Krippen darin untergebracht werden. Danach kommt der Karneval: Masken und Luftschlangen. Und dann Ostern: Eier und Osterkuchen. Und dann der Sommer: Schwimmreifen, Sandeimer und Schäufelchen. Und schon ist es Herbst, und der ewige Zyklus der Pagode kann von vorn beginnen, wieder und wieder, von Ewigkeit zu Ewigkeit. Man muss das zur Kenntnis nehmen und sich damit abfinden. Nur deswegen wird man sich in der Zukunft an uns erinnern, an die heutige Generation der Bewohner der Stadt. Wegen der Pagoden und wegen der Schwarzbauten mit Meerblick.

Auf deiner rasanten Autobahnfahrt entdeckst du eine ganze Reihe kariöser Häuser, die wie ein vergammeltes Gebiss aussehen. Der Zahnarzt hat den einen oder anderen faulen Zahn gezogen, und durch die Lücke kann man manchmal sogar das Meer erspähen. An und für sich wäre das Meer ein heiterer Anblick. Doch diese Lücken bieten, falls das überhaupt möglich ist, ein noch schlimmeres Bild als die für unsere Küstengegend typische Bauweise. Nach den Abrissarbeiten wurden die Trümmer nur teilweise entsorgt, denn niemand scherte sich um die Wiederherstellung der Ordnung. Daher wirken die Lücken, die den Blick auf das Meer ermöglichen, deprimierend, denn sie erinnern an eine verlorene Schlacht. Sie gemahnen uns alle daran, dass es einen Moment gab, in dem es so schien, als lohnte es sich, bestimmte Schlachten wenigstens zu schlagen.

Und solche Schlachten wurden in der Stadt zuhauf geschlagen. Und zuhauf findet man auch die unfreiwilligen Zeugnisse, die daran erinnern. Ein solches Schlachtendenkmal liegt nur wenige Kilometer entfernt. Auf der rechten Seite. In der Nähe von Capaci. Noch vor einigen Jahren kam es vor, dass auf der Fahrt von Punta Raisi ins Stadtzentrum jeder Redefluss im Auto plötzlich versiegte. Und zwar dann, wenn man die Stelle mit der rotbemalten Leitplanke passierte. Hatte man einen ausländischen Gast im Auto, wies man diesen schon ein paar Dutzend Meter vorher darauf hin: Achtung, jetzt kommen wir an der Stelle vorbei, wo das Attentat verübt wurde. Dann folgte eine Pause. Eine Pause, in der jeder darüber nachdachte, wo er an jenem Tag gewesen war und was er gerade gemacht hatte. Danach hörte die Pause auf, und das Gespräch ging weiter.

Später hat sich dieser Autobahnabschnitt verändert. Auf beiden Seiten wurde eine Stele mit den Namen, dem Datum und allem Drum und Dran errichtet. Häufig sieht man noch den Blumenkranz vom letzten 23. Mai, und da die Blumen innerhalb weniger Tage verwelken, verleiht auch dieses Detail der grandiosen Szenerie einen melancholischen Anstrich. Im Laufe der Zeit sind die beiden Obelisken mit dem verwelkten Blumenkranz zu einem Teil der Landschaft geworden. Niemand verspürt mehr das Bedürfnis, die Unterhaltung zu unterbrechen, wenn er an ihnen vorüberfährt. Man hat sich daran gewöhnt. Bestenfalls kommt uns kurz in den Sinn, wie wir einmal waren, wie die Zeit vergeht und so weiter. So ist das eben. Es ist die normale Trauerarbeit, besonders wenn der Staat sich mit Denkmälern und Zeremonien des ergriffenen Gedenkens angenommen hat. Die Zivilgesellschaft hat sich der Pflicht zur Erinnerung enthoben gefühlt, und das Leben verlief weiter entlang der gewohnten Gleise.

Trotzdem gibt es ein sehr inseltypisches Schuldbewusstsein, das nach jedem Mafiaverbrechen und für gewöhnlich an jedem Jahrestag die ziemlich dämliche Frage aufwirft: *War dieser Tod nicht umsonst?* Als gäbe es ein Nützlichkeitskriterium für den Tod eines Menschen. Als wäre es möglich, eine Schicklichkeitsgrenze festzulegen, unter der es sich nicht lohnt zu sterben. Als könnte man den Tod in eine Waagschale werfen und sein Gewicht bestimmen. Als wäre der Tod eine Ware. Als gäbe es einen Markt, auf dem man ihn eintauschen könnte. Als gäbe es eine andere Ware, die man gegen den Tod eines Menschen eintauschen könnte.

Mit einigen Jahren Abstand kann man sagen, dass es beim Tod von Giovanni Falcone und dem von Paolo Borsellino zumindest nicht das Gleiche war wie sonst. Dass diese Tode zumindest *nicht umsonst* gewesen sind. Die beiden Juristen und Symbolfiguren des Kampfes gegen die organisierte Kriminalität wurden 1992 durch Mafia-Attentate getötet. Und von 1992 bis 1994 war die Stadt überzeugt, die Vorhut der besseren Zukunft ganz Italiens zu sein. Schon immer hieß es, in der Stadt geschehe alles früher als anderswo. Auf jeden Fall geschieht es mit geradezu übertriebener Deutlichkeit. Damals fragte sich ein Teil der Einwohnerschaft: Warum sollte ein Aufstand der Anständigen nicht hier bei uns beginnen?

Vor 1992 war es allgemein üblich, den Kampf gegen die Mafia zu delegieren. Man schickte Richter und Polizisten in den Tod und empörte sich anschließend über ihr Ableben. Dann überschritt die Kurve der Empörung ihren Höhepunkt und begann, parallel zur staatlichen Empörung, abzufallen, bis die Dinge schließlich im Sand verliefen. Man beging den Jahrestag, man führte einen Prozess, der zumindest durch seine Dauer dazu beitrug, das Gedenken zu verlängern, und am Ende kehrte alles zu der üblichen Verwaltung des Zusammenlebens/Überlebens zurück.

Um zu verstehen, warum die Morde an Falcone und Borsellino der entscheidende Auslöser der ersten, wahren, einzigen und kurzen Rebellion gegen die Mafia waren, muss man wohl bis zum August 1991 zurückblicken, als der Textilunternehmer Libero Grassi ermordet wurde. Im Gegensatz zu den anderen war Grassi ein Einzelgänger im Anti-Mafia-Kampf. Er hatte sich selbst beauftragt. Niemand hatte ihm ein offizielles Mandat erteilt. Er war weder Polizist noch Richter. Er bekämpfte die Mafia nicht von Berufs wegen, er wurde nicht dafür bezahlt. Er war nicht einmal der erste Einzelgänger in der Geschichte des Kampfes gegen die Mafia. Doch er war der Erste, der die Massenmedien dafür nutzte. Er machte seine Anklagen und seine Weigerung, weiter »Mafia-Steuer« zu zahlen, durch das Fernsehen publik, davon überzeugt, dass dies wie eine Lebensversicherung für ihn sei. Seine Rechnung ging nicht auf, denn er wurde eben wegen des öffentlichen Rahmens ermordet, in dem er seine Anschuldigungen formulierte. Libero Grassi wollte als gutes Beispiel vorangehen, um den anständigen Unternehmern Mut zu machen, und man tötete ihn, um ebendieses Beispiel aus dem Weg zu räumen.

An dem Morgen, als man ihn erschoss, war er allein, und auch bei seinem Begräbnis war er praktisch allein, denn ganz wie im Drehbuch eines der vielen Mafiafilme spähte die Stadt nur durch die Fensterläden. Doch diesmal war es anders, das war nicht die Omertà, das Gesetz des Schweigens, nein, es war Scham. Die Stadt schämte sich, weil das Tatmotiv eben durch den Gebrauch, den Libero Grassi von den Medien gemacht hatte, schon vorher bekannt gewesen war. In dieser Situation konnte niemand so tun, als wäre nichts geschehen. Auch das Netz der Verharmlosung, das von der Mafia oder von mafianahen Kreisen nach jedem Mord gesponnen wird, erfüllte seinen Zweck nicht mehr, dieser Wust aus Fatalismus und postumen Verleumdungen erwies sich diesmal als unbrauchbar, weil das Motiv längst an die Öffentlichkeit gelangt war. Zum ersten Mal kam die Stadt nicht umhin, sich zumindest zu schämen, so wie eine Katze, deren Nase man in die Ecke des Wohnzimmers stupst, wo sie ein Pfützchen gemacht hat.

Doch Vorsicht: Es war die Scham dessen, der nie im Leben zugeben würde, dass er sich schämen muss. Prompt kam auch kein Signal von Libero Grassis Unternehmerkollegen, die weiterhin beharrlich ihr Schutzgeld zahlten. Es war vielmehr eine langsame Revolution von unten, ein Aufstand der Anständigen, bei dem die politisch herrschende Klasse der Unternehmer eine nebensächliche Rolle spielte.

Die zwei blutigen Anschläge von 1992 boten erstmals die Gelegenheit, dem schlechten Gewissen der Bürger, das längst im Innern der Stadt gärte, Luft zu machen. Dieses schlechte Gewissen nahm die Gestalt eines Protestzugs an, der die Unruhe der Zivilgesellschaft in ihren von der Verantwortung ausgeschlossenen mittleren und unteren Schichten sichtbar machte. Man ging in großer Zahl auf die Straße und sagte mehr oder weniger überall das gleiche: Jetzt reicht's. Und weil damals noch Journalisten aus aller Welt in der Stadt waren, um zu sehen, ob nicht zufällig noch ein Blutbad verübt wurde, entwickelten sich die Demonstrationen gegen die Mafia und das »Komitee der Betttücher« (dem Protest durch aus den Fenstern hängende weiße Laken) in Ermangelung einer besseren schließlich zur Hauptmeldung der Fernsehnachrichten. Nach der Kundgebung gingen die Leute nach Hause, sahen sich im Fernsehen protestieren, erkannten sich wieder, merkten, dass es zumindest auf dem Bildschirm eine Mehrheit gab, und gingen am nächsten Tag wieder auf die Straße und am Tag danach auch, sodass sie sich endlos in dem von den Medien gezeigten Bild ihrer Entrüstung spiegelten. Zum ersten Mal las die Stadt in den Zeitungen etwas Positives über sich. Und das gefiel ihr. Ungefähr zwei Jahre lang sah es so aus, als könnte etwas geschehen.

Für eine ganze Weile hörten Polizisten und Carabinieri auf, Bullen zu sein. Wenn früher zwei junge Burschen auf der Vespa hinter der Kurve eine Streife entdeckten, sagte einer der beiden: *Gli sbirri!* oder: *I migni!*, was dasselbe ist, nämlich irgendetwas zwischen *Aufgepasst!* und *Verpisst euch!*. In den zwei kurzen Jahren nach den Attentaten waren die Halbwüchsigen ohne Helm zwar noch genauso unruhig, wenn sie hinter einer Kurve auf eine Streife stießen, verwendeten nun aber nur noch das Wort *Polizei*. Sie hatten ein schlechtes Gewissen und versuchten, in eine Seitenstraße zu entwischen, doch was sie mit *Polizei* sagen wollten, war wirklich nur: Polizei. Zumindest die Kinder aus gutem Hause sagten nicht mehr *gli sbirri* oder *i migni*, wenn sie die Ordnungshüter meinten. Sie sagten: *Polizei.*

Das sieht wie eine Lappalie aus, ist aber keine. Wenn sich etwas verändert hatte, dann ist diese lexikalische Entwicklung der beste Beweis dafür. In den Augen der Jugendlichen war die Polizei nicht mehr von vornherein ein Feind. Sie verdiente nun ein gewisses Vertrauen. Die Gesetzeshüter waren zu Mitstreitern geworden. Grund dafür war die Verschärfung der Auseinandersetzungen zwischen der Mafia und dem Rest der Welt, hervorgerufen durch die Dominanz des gewalttätigen Flügels der Cosa Nostra.

Frühere Generationen hatten das Wort *sbirri* nicht deshalb verwendet, weil sie Gewohnheitsverbrecher waren, sondern weil sie ein Erbe in sich trugen. Die *sbirri,* oder Sbirren, waren einst die Vertreter der Savoyer und der Bourbonen gewesen und hatten noch früher, wenn man die ältesten Zweige der Genealogie der Fremdherrschaften zurückverfolgt, die Macht der Phönizier verkörpert. Nun, einhundertsechzig Jahre nach Garibaldis »Zug der Tausend« und dem beginnenden Risorgimento, war es zum ersten Mal nicht mehr so. Eine Zeitlang sah es so aus, als würde sich etwas ändern, was sich in dreitausend Jahren nicht geändert hatte.

Natürlich vollzog sich diese Veränderung nur in der Mittelschicht und galt auch nicht für alle ihre Vertreter. Diejenigen, die weitaus schwerere Vergehen zu verbergen hatten als zu zweit und ohne Helm Motorroller zu fahren, hielten sich heraus. Der Grad der Mitwisserschaft zwischen organisierter Kriminalität und Unternehmerschaft blieb immens hoch. Die Erfolge auf kulturellem Gebiet waren nicht zu bestreiten, doch gemessen an den Versuchen, sie auch auf die Wirtschaft zu übertragen, blieben sie reiner Selbstzweck. Nach wie vor stand ein Unternehmer, der auf der Insel investieren wollte, gezwungenermaßen vor dem Dilemma zwischen Komplizentum und Heldentum. Und diese Art von Mut kann man nun wirklich von keinem Unternehmer verlangen.

Doch der Aufstand der Anständigen, der auf die Attentate folgte, war ein kleines Feuer, das vor dem Regen geschützt werden musste. Denn nach dem Sommer kam wie immer wieder der Regen. Die Polizisten hießen wieder *sbirri*, und die Dinge nahmen ihren altgewohnten Lauf.

Vereinfacht ausgedrückt, begann der Aufstand der Anständigen unmittelbar nach den Attentaten und endete mit Leoluca Orlandos erster Direktwahl zum Bürgermeister 1993. Es war genau der Zeitraum, der für die Trauerarbeit notwendig war, und er endete mit einer neuen Delegierung nach altem Muster. Der einzige Unterschied war: Man beauftragte nicht mehr nur die Richter, sondern die politische Klasse mit dem Anti-Mafia-Kampf. Die Bürger beschlossen, diesmal jemanden aus der Politik zu wählen, der etwas besser war als sie selbst, und betrauten ihn mit dem Kampf gegen die Mafia. Doch damit nicht genug: Die neue Generation der Politiker war gehalten, zu jedem Thema eine Antwort zu liefern, ob zu Recht oder nicht. Das alles war naheliegend und möglich, doch auch wieder ziemlich unmöglich. Die in Orlando gesetzten Erwartungen waren enorm. Er wurde zum Schutzheiligen der Stadt. Ob gut oder schlecht, für alles wurde Orlando verantwortlich gemacht. Und natürlich bezichtigte man ihn nach einer Weile, es nicht geschafft zu haben, die Hoffnung zu erhalten. Man ignorierte die Tatsache, dass man von einem Bürgermeister und vom eigenen Ehepartner so gut wie nie Hoffnung erwartet. Man erwartet Zuverlässigkeit und Beständigkeit. Lange Zeit pflegte man den Mythos einer wiedergeborenen Stadt, doch gerade diese von oben gelenkte Wiedergeburt wurde zum Alibi für einen allgemeinen Mangel an Engagement. Auf den sogenannten Frühling der Stadt (Ende der Achtzigerjahre) folgte ein melancholischer Sommer – melancholisch, doch Sommer – mit Betttüchern in den Fenstern und mit Menschenketten. Dann kam ein sonniger Herbst und schließlich der Winter mit dem Rückzug der Zivilgesellschaft in sich selbst. Denn letztendlich ist den Leuten jeder starke Mann so gut wie der andere, und kurz nach der Wahl Orlandos lief ein Großteil der Bevölkerung zu Berlusconi über und dann weiter, immer in Richtung der Macht in ihren verschiedenen Ausformungen. Mafia und Anti-Mafia nahmen einen neuen Satz Karten in die Hand, verteilten sie untereinander, tauschten sie und sorgten so für Chaos, Grenzüberschreitungen, Entstellungen und jede Menge Zwielichtiges. Irgendwann war die Mafia überall und nirgendwo. Und vor allem war die Anti-Mafia überall und nirgendwo. Groß war die Verwirrung unter der Sommersonne.

Nun gut, um zu sehen, wie die einzig entscheidende Partie ausgeht – das Derby zwischen der wahren Mafia und der falschen Anti-Mafia –, brauchst du nur abzuwarten und zuzusehen, wie die Fahrt weitergeht. Das Taxi hat inzwischen das Ende der Autobahn erreicht und biegt nun auf den Stadtring ab. Hier befindet sich das dritte Indiz, der dritte Hinweis, den die Stadt in ihrem Einführungskurs für jeden neuen Besucher bereithält. Es ist ein imaginärer Hinweis, denn inzwischen gibt es ihn nicht mehr. Wärst du einige Jahre früher gekommen, hättest du ihn gesehen. Auch buchstäblich gesehen. Es war ein gelbes Schild, das jahrelang am Straßenrand stand. Jetzt musst du dich anstrengen, um es dir vorzustellen. Auf diesem gelben Schild stand in schwarzen Buchstaben:

BELEUCHTUNG WEGEN EINHALTUNG DER SICHERHEITSVORSCHRIFTEN ABGESCHALTET

Gerade wenn auf der Strecke ein Stau ist, hast du jede Menge Zeit, um dir das vorzustellen und darüber nachzudenken. Da stand nicht etwa: *wegen BAUARBEITEN zur Einhaltung der Vorschriften abgeschaltet*. Nein, da stand wirklich: *wegen Einhaltung der Sicherheitsvorschriften abgeschaltet.* Das heißt, diesem Schild zufolge bestimmten die Sicherheitsvorschriften, dass die Beleuchtung abgeschaltet bleiben musste. Tatsächlich war da nicht die Spur von Bauarbeiten. Es hatte nie welche gegeben, jedenfalls nicht, so weit das Auge reicht und so lange der Mensch zurückdenken kann.

An manchen Tagen befand sich das Schild sogar an einer Stelle, wo die Straßenbeleuchtung komplett eingeschaltet war, sodass sich der Vorbeifahrende fragte: Wieso abgeschaltet? Welche Beleuchtung? Welche Vorschriften? Auch du als nachdenklicher Reisender dürftest dir diese Fragen stellen. Und auf der Suche nach unmöglichen Antworten müsstest du zu der Einsicht gelangen, dass dieses Schild mehr war, als es zu sein schien. Dieses Schild sprengte den Rahmen eines schlichten Verkehrszeichens. Obwohl es versetzbar war, blieb es so lange an Ort und Stelle, bis sein Schatten ein Teil der Landschaft wurde, auch wenn es selbst inzwischen gar nicht mehr existiert. Der moralische Schatten des

Schildes hält dessen Andenken hoch. Recht so, denn das war ein Paradebeispiel für einen typischen Charakterzug der Stadt. Einen Charakterzug, den wir als *Hang zur Anpassung an das Schlimmste* bezeichnen wollen.

Nehmen wir ein Beispiel: Kommt etwa ein Angestellter mit der Absicht zu arbeiten neu in ein Büro, wird das fragliche Subjekt schleunigst isoliert und neutralisiert. Ein Quarantänetrupp aus Kollegen, die, da sie selbst nicht arbeiten, auch nicht hinnehmen, dass jemand anders dies an ihrer Stelle tut, schart sich augenblicklich um ihn. Eine übergeschnappte Variable im Arbeitsprozess könnte den Bürodurchschnitt ruinieren. Das muss um jeden Preis verhindert werden. In nur wenigen Monaten wird dem Stachanow-Fanatiker gesunder Menschenverstand beigebracht und er in die Lage versetzt, voll und ganz zur Absenkung der Durchschnittswerte beizutragen.

Ein anderes Beispiel: Als durch einen Bombenangriff einer der beiden pompösen Seitenbauten der Porta Felice zerstört wurde, fiel es den Bewohnern der Stadt zunächst nicht ein, ihn wiederaufzubauen, sondern sie erwogen in einem unheilvollen Drang nach Symmetrie, auch die andere, unversehrte Seite abzureißen. Man tat es dann doch nicht, aber allein schon die Idee zeigt, wie die Dinge liegen.

Ebenso beginnt man, wenn es in einem Theater Schwierigkeiten mit der elektrischen Anlage gibt, erst einmal eine Diskussion darüber, welcher Elektriker das Problem am besten beheben könnte und nach welchem System. Unterdessen wird das Theater vorsichtshalber geschlossen. Genauso ist es dem Teatro Massimo ergangen, dem Opernhaus der Stadt, das fast ein Vierteljahrhundert geschlossen war, bevor man einen Elektriker fand, der das Problem beheben konnte. Und dazu noch den ganzen Berg von Problemen, die durch die vorsorgliche Schließung mittlerweile entstanden waren.

Und schließlich: Hat es eine Partei oder ein Kandidat auf die Stimmen der Bausünder und der Steuerhinterzieher abgesehen, sputen sich alle anderen, diesem Beispiel zu folgen. Sie gehen den Bausündern und Steuerhinterziehern um den Bart, um sich Wahlvorteile zu verschaffen. Was wieder einmal zeigt, dass alle

Parteien und alle Kandidaten gleich sind und dass man genauso gut den Erstbesten wählen kann, den, der die dicksten Lügen auftischt.

Beispiele ließen sich genug aufzählen, doch allgemein zeigt sich der Hang zur Anpassung an das Schlimmste darin, dass man sich im Zweifelsfall immer für die schlechteste Lösung entscheidet. Diese Neigung hat in der Stadt Formen angenommen, die anderswo nicht im Traum denkbar wären. Hier ist Murphys Gesetz in der Verfassung verankert. Man veranstaltet Spitzengespräche und Fachtagungen, um auf die wichtigsten Fragen der Zeit die schlechteste Antwort zu finden. Wenn etwas schiefgehen kann, wird eine Delegation gebildet, eine Taskforce organisiert, eine Verstärkung rekrutiert; alles, was möglich ist, um nur ja sicherzustellen, dass dieses Etwas auch wirklich ein schlimmes Ende nimmt.

Jedes Mal, wenn sich – egal ob unternehmerisch, künstlerisch oder wo auch immer – etwas Neues abzeichnet, melden sich sofort die Antikörper, und das Außerordentliche wird vereitelt. Es beschleicht einen der Verdacht, dass die Dinge, die funktionieren, eines nach dem anderen – gemäß einem vielleicht unbewussten, aber unerbittlichen Muster – Sabotageakten anheimfallen. Als wäre alles, was sich vom allgemeinen Bild der Mittelmäßigkeit, Hässlichkeit und Ineffizienz abhebt, dazu bestimmt, zurechtgestutzt zu werden, weil es den Durchschnitt der Unterentwicklung kaputtmachen könnte.

Der Durchschnitt der Unterentwicklung: Wenn etwas inmitten des Unglücks funktioniert, läuft das Alibi der Unfähigen und Inkompetenten Gefahr, Lügen gestraft zu werden. Man weiß es ja: Das Klima, das Temperament, das Schicksal lassen es nicht zu, dass man der Rückständigkeit entfliehen kann. Das Elend ist eine Berufung, die nicht mehr diskutiert werden muss. Dieser Kontext erlaubt keine Ausnahmen, die das Risiko bergen, einem Präzedenzfall gefährlich nahezukommen.

Von diesem Gedanken lässt sich die sizilianische Variante von Murphys Gesetz ableiten, das besagt: »Wenn etwas schiefgehen kann, wird es schiefgehen.« Hier in Sizilien lautet es, abgesehen von ein paar Ausnahmen: Wenn etwas gutgehen kann, wird es trotzdem schiefgehen.

In der Via Rocco Pirri steht beispielsweise eine Kirche mit dem Namen Santa Maria dei Naufraghi – Heilige Maria der Schiffbrüchigen. Aber niemand in der Gegend nennt sie so. Sie heißt für alle Santa Maria degli Annegati – Heilige Maria der Ertrunkenen. Mit anderen Worten, es wird nicht einmal entfernt in Betracht gezogen, dass sich das Unglück des Schiffbruchs durch eine Rettung zum Guten wenden könnte. Es gibt nicht die geringste Hoffnung, dass der Schiffbrüchige überleben und mit heiler Haut das Ufer erreichen könnte. Schiffbruch ist gleich Ertrinken. Also kann man sein Seelenheil auch gleich direkt der Obhut der Madonna anheimgeben.

Als Neuankömmling solltest du über solche Dinge Bescheid wissen, damit du, wenn man dir etwas vom typischen Pessimismus der Inselbewohner erzählt, weißt, dass dieser Pessimismus hausgemacht ist. Es ist ein zufriedener Pessimismus, der im eigenen Saft schmort, bis er schließlich zu einer systematischen Suche nach dem Allerschlimmsten wird. Wenn du denkst, es könnte etwas schiefgehen, lassen sich hier hervorragende Möglichkeiten dafür finden, dass es wirklich schiefgeht. Je mehr du dich konzentrierst, je mehr du versuchst, dir vorzustellen, wie sich die Dinge verschlechtern könnten, umso mehr gelingt es den Dingen wirklich, schlechter zu werden. Und es ist gut, dass du das gleich bei deiner Ankunft in der Stadt erfährst. Dafür ist es hilfreich, sich das gelbe Schild an der Auffahrt zum Stadtring vorzustellen. Es soll dich warnen. Eigentlich steht es für ein anderes Schild, das man an dieser Strecke jedoch seltsamerweise nicht findet: Willkommen in der Stadt.

2 Klischees

Ein Dorf braucht man, und wäre es nur wegen der Genugtuung wegzugehen. Ein Dorf bedeutet, nicht allein zu sein, zu wissen, dass in den Menschen, in den Pflanzen, in der Erde etwas von dir ist, das bleibt, auch wenn du nicht da bist, und auf dich wartet. Cesare Pavese

Jetzt wird es schwierig. Alles, was du im vorangegangenen Kapitel gelesen hast, zusammen mit allem, was du im Laufe der Jahre, Monate, Wochen und Tage deines Lebens gehört hast, hat eine gewisse Besorgnis bei dir ausgelöst. Je näher der Tag deiner Abreise heranrückte, desto öfter gab es jemanden, der dich bereitwillig warnte. Die Stadt sei bildschön, quicklebendig, faszinierend, aber ... In den Vorbemerkungen gab es immer ein Aber, eine Gegenstimme, die die Vorfreude auf die Reise in ein zwiespältiges Bangen verwandelte. Auf der einen Seite stand der Wunsch, trotzdem hinzufahren, auf der anderen die Angst vor einer möglichen, wenn nicht gar wahrscheinlichen Gefahr. Über die Stadt sind phantastische Geschichten in Umlauf. Phantastisch im doppelten Wortsinn: wunderbar und der Phantasie entsprungen. Sodass du armer Reisender, der gerade an einem ihm fremdem Ort eingetroffen ist, nun so sehr mit den verschiedensten Informationen überfüttert bist, dass du nicht mehr weißt, was du glauben sollst.

Ich kann dich verstehen. Deshalb nämlich zögerst du auch noch, nachdem du im Hotel angekommen bist, den Koffer ausgepackt und all deine Sachen sorgfältig in den Schrank geräumt hast, und suchst nach Dingen, die du noch tun könntest, damit wirklich alles im Raum in tadelloser Ordnung ist. Hand aufs Herz: Du hast ein bisschen Angst. Du bleibst in deinem Zimmer sitzen und kannst dich nicht entschließen, herauszukommen. Dieses ganze

Gerede über die Mafia. Über die Kleinkriminalität. Über den Verkehr. Über die Brutalität, zu der die Stadt imstande ist, wenn sie's drauf anlegt. Alles Gift, das nach und nach in dein Blut gelangte, entfaltet nun seine volle Wirkung. Du befindest dich an einem Ort, an dem du noch nie warst, einem Ort, der dir vollkommen unbekannt sein dürfte, und trotzdem hast du das Gefühl, sogar schon zu viel über ihn zu wissen. Und nicht alles, was du weißt, gefällt dir. Ein paar Dinge allerdings doch, sonst wärst du ja nicht gekommen. Aber manches behagt dir ganz und gar nicht.

Du schaust aus dem Fenster und siehst ein Stück Straße. Vielleicht ist da ein Stau, und das passt zu dem Bild des Chaos, das du dir von der Stadt gemacht hast. Doch dieser Bruchteil eines so komplexen Ganzen kann dir nicht genügen, um alle Vorstellungen bestätigt zu finden, die sich in deinem Kopf drängen. Sehr unterschiedliche Vorstellungen, die dazu beitragen, ein kontroverses Bild der Stadt und ihrer Bewohner zu zeichnen. Du kannst es ruhig zugeben: Vor allem denkst du, dass die Stadt gefährlich ist. Doch nicht nur aus diesem Grund erscheint es dir bedenklich, dein Zimmer zu verlassen. Genaugenommen sind deine Vorstellungen so zahlreich und verfestigt, dass du dich jetzt davor fürchtest, sie mit eigenen Augen nachzuprüfen. Im Grunde hast du zwei genau entgegengesetzte Ängste: dass deine Vorstellungen sich als falsch erweisen könnten und dass deine Vorstellungen sich als richtig erweisen könnten. Je länger du darüber nachdenkst, umso weniger weißt du, welche der beiden Möglichkeiten die schlimmere wäre. Ich möchte versuchen, dich zu beruhigen. Es kommt oft vor, dass die Stadt sehr anziehend und abstoßend zugleich wirkt. Auch das ist ein Klischee. Ich würde dir gern erklären, wie es kommt, dass simple Klischees so viel Aufregung verursachen, doch die Erklärungen, die mir einfallen, sind leider auch wieder nur Klischees.

Die Klischees unterteilen sich grob gesagt in zwei Kategorien: in diejenigen, die ungeachtet ihrer Banalität wahr sind, und in diejenigen, die ungeachtet ihrer Banalität unwahr sind. Diese Präzisierung ist nötig, weil man im Allgemeinen davon ausgeht, *Klischee* sei gleichbedeutend mit *Unwahrheit*. Dem muss man durchaus widersprechen. Technisch gesehen wurde diese Übereinstimmung schon viel zu oft behauptet, so lange, bis man es nicht mehr hören kann. Wenn man sagt: »Es gibt keine Übergänge zwischen den Jahreszeiten mehr«, dann ist das eine Banalität, aber durchaus wahr, da man durch die klimatischen Veränderungen ohne große Umstände vom Sommer in den Winter rutscht.

Man spürt dieses Problem noch deutlicher in Sizilien, einem hochkonzentrierten Klischee-Extrakt. Neben dem mafiologischen Austrieb, der eine gesonderte Behandlung verdient hätte, reicht es schon, die Masse an Klischees zu erwähnen, die allein Tomasi di Lampedusas *Der Leopard* betreffen, also den Roman, der einen unvergleichlichen Bilderhagel auf die ganze Region niedergehen ließ. Vor allem diejenigen, die darauf bestehen, weiterhin in Sizilien zu leben, verfallen in ein erschöpftes Zittern, wenn sie den berühmten Satz hören: »Wenn alles bleiben soll, wie es ist, muss sich alles ändern.« Das Adjektiv »leopardesk« wird hier gern weitgehend zusammenhangslos verwendet, um in allen möglichen Situationen das berühmte »muss sich alles ändern« et cetera zu umschreiben.

Es hat sich als völlig zwecklos herausgestellt, mit dem Text in der Hand zu beweisen, dass Tomasi di Lampedusa beim Schreiben dieses Satzes keineswegs die Absicht hatte, ein Lob der Trägheit anzustimmen. Dieser Roman will allenfalls ein Lob der Leoparden sein, aber gewiss kein Lob des Leopardismus in dem Sinn, der ihm von der Volksmeinung später zugeschrieben wurde. Trotz der Strahlkraft Alain Delons, ihres Darstellers im Kinofilm, ist die Figur Tancredis im Roman in all ihrer glühenden Trägheit überhaupt nicht sympathisch.

Doch es entspräche indes wirklich nicht der Wahrheit, dass in Sizilien die Zeit stehengeblieben wäre. Wenigstens seit den Mafia-Attentaten von 1992 an Giovanni Falcone und Paolo Borsellino hat sich viel geändert, man könnte fast sagen bis hinein in die DNA der Sizilianer. Es wird behauptet, dass während des Erdbebens, das 1908 Messina zerstörte, aus dem Untergrund eine große Menge des Gases Radon ausgeströmt sei, das die Überlebenden genetisch verändert habe. Wenn dem so ist, weisen die heutigen Messinesen anderes genetisches Material auf als noch im 19. Jahrhundert. Genau so wirkt es, als wäre aus den Explosionskratern der Attentate in Capaci und in der Via D'Amelio ein Radongas ausgetreten, das die *forma mentis* der Hauptstadtbewohner verändert hat. Diese Veränderung zu leugnen wäre schon böswillig. Auf so bequemliche Weise böswillig wie diejenigen, die auf Schritt und Tritt den Begriff »leopardesk« benutzen. Paradoxerweise ist dieses Wort eine Art Schützengraben geworden, in dem sich gerade diejenigen verschanzen, die eine Aversion gegen jedweden Wandel haben.

Ein anderes Klischee (und ein anderer Schützengraben dieser Art) hängt mit dem Wort *irredimibile*, unrettbar, zusammen. Als Leonardo Sciascia Sizilien mit diesem berühmten Adjektiv beschrieb, konnte er nicht ahnen, welchen Schaden er damit anrichten würde. In der öffentlichen Meinung schwebt dieser Felsblock drohend über jeder Hoffnung auf Rettung. Tatsächlich stellen sich die Absichten des Autors aus Racalmuto in einem anderen Licht dar, wenn man sie im Originalkontext betrachtet. *Irredimibile*, sagte Sciascia in einem Interview mit der Wochenzeitung *Il Sabato*, als der Journalist ihn darum bat, sein Heimatland in einem Wort zusammenzufassen. Diesem lapidaren *irredimibile* ließ Sciascia jedoch einen Satz folgen, der die Bedeutung des Wortes präzisierte: »... doch man muss denken und handeln, als wäre es nicht so.«

Das heißt: weiterhin hoffen, *gerade weil* es widersinnig ist. Darin besteht die Schizophrenie der besten Sizilianer, die hin- und hergerissen sind zwischen ihrem Optimismus des Herzens und ihrem Pessimismus des Verstandes. Im Wesentlichen bestand das von Sciascia vertretene Ideal darin, auf virtuose Weise zumindest ein wenig starrsinnig zu sein und weiter daran zu glauben, auch wenn alle realen Gegebenheiten ein ständiger Anreiz sind, nicht mehr daran zu glauben. Wie haben das die Engländer gemacht, als Hitler in einem bestimmten Moment des Zweiten Weltkriegs unbesiegbar schien und sie sich entschieden, aller Logik zum Trotz Widerstand bis zum Äußersten zu leisten? Waren die Engländer Dummköpfe? Und sind die Sizilianer, die Widerstand leisten, Dummköpfe? Sie sind vielleicht keine Dummköpfe, aber sie spüren auf gewisse Weise die Pflicht zur Dummheit. Die Pflicht zur Dummheit: Das ist das, was dich antreibt, für ein Ideal zu kämpfen, auch wenn der gesunde Menschenverstand es nur noch für selbstzerstörerisch hält.

Vor ethische Entscheidungen gestellt, sind die Bewohner der Stadt gespalten. Ja, sie spalten, zerstreiten sich immer. Sie lieben die Idee des Gespaltenseins. So spalten sie sich in Parteien, Clans, verschiedene Gruppen. Eine dieser berühmten zweigeteilten Gruppen besteht aus denen, die wegziehen, und denen, die bleiben. Über diese Frage wurde und wird viel theoretisiert. Es existiert eine ganze Literatur über die Inselbewohner, die sich an die heimatlichen Klippen klammern, und die Inselbewohner, die es aufs Meer hinauszieht. In der vereinfachten Version des Klischees ist es so: Wer fortgeht, hält die Zurückbleibenden für Provinzler, die zum schlimmsten Scheitern verurteilt sind, und wer bleibt, redet über die, die weggegangen sind, wie über Deserteure, die die vorderste Front verlassen haben, um in der Etappe Zuflucht zu suchen.

Jede der beiden Parteien hegt natürlich ihre heimlichen Zweifel. Wer bleibt, erwacht jeden Tag mit der Frage, ob es richtig war, zu bleiben. Er öffnet das Fenster, sieht in die Sonne, frühstückt mit einer *iris alla ricotta* (einer Art mit Ricotta gefüllter Krapfen), und entscheidet, ja, es war richtig. Zur selben Zeit wacht auch der auf, der weggegangen ist, öffnet das Fenster, sieht einen grauen Himmel, isst ein aufgetautes süßes Stückchen zum Frühstück und fürchtet, alles falsch gemacht zu haben. Dann gehen die beiden ihren entgegengesetzten alltäglichen Verrichtungen nach, und allmählich kreuzen sich ihre Gedanken. Am Ende des Tages muss der, der geblieben ist, sein eigenes Scheitern eingestehen, und der, der weggegangen ist, kann sich mit seinem alles in allem zufriedenstellenden Lebensstandard trösten, jedenfalls was die berufliche Selbstverwirklichung angeht.

Bei denen, die geblieben sind, gibt es zwei Untergruppen: die, die mit dem Gedanken spielen, wegzugehen, und die, die wirklich bleiben wollen. Wer bleibt, verbringt sein Leben meistens damit, seinen Weggang zu planen. Er hält Kontakt und bemüht sich, mit dem Rest der Welt in Verbindung zu bleiben. Er hört nie auf, an dem Tunnel zu graben, der es ihm eines Tages ermöglichen könnte, die Stadt zu verlassen. Auf der anderen Seite gibt es die, denen es in der Stadt hervorragend geht, und die mit dem, was sie ihnen zu bieten hat, vollkommen zufrieden sind. In diesen

Personen entwickeln sich die Antikörper, die es erlauben, ohne Schmerzen unter den gegebenen Umständen zu leben. Wenn man diese Antikörper besitzt, ist die Stadt ein wunderbarer Ort, um sich eine Existenz aufzubauen. Manche gehen sogar so weit, selbst ihren Nachteilen eine positive Seite abzugewinnen. Es gibt keine Arbeit? Umso besser. Dann bleibt mehr Zeit, um gemütlich die Sonne von Mondello zu genießen. Dazu später mehr.

Auch bei denen, die weggegangen sind, gibt es mindestens zwei Untergruppen: die, die mit dem Gedanken spielen zurückzukehren, und die, die nicht zurückkehren wollen. Auch du, lieber Reisender, kennst vielleicht Leute, die aus der Stadt stammen, aber seit Jahren woanders leben und noch heute, trotz der langen Zeit, die vergangen ist, ständig auf der Suche nach einer Konditorei sind, wo die Teigröllchen mit süßer Cremefüllung, die *cannoli,* noch so gemacht werden wie die in ihrer Kindheit. Es sind dieselben Leute, die dir, als sie erfuhren, dass du in die Stadt fährst, das Versprechen abnahmen, auf der Rückreise wenigstens ein Bund wilden Fenchel mitzubringen, diese magische Zutat, mit der sie sich auch außerhalb der Insel, also in Gefangenschaft, wieder an der Zubereitung von *pasta con le sarde* (Pasta mit Sardinen) versuchen könnten. Am Ende all seiner Bemühungen wird der nostalgische Koch erklären, dass die *pasta con le sarde*, die seine Mutter immer gemacht hat, wesentlich besser war, und in den Genuss einer so leckeren Pasta werde er sein Lebtag nicht mehr kommen.

Dieser Nostalgie steht die Anmaßung derjenigen gegenüber, die mit ihrem Weggang von der Insel ostentativ alle Brücken zur Vergangenheit hinter sich abbrechen. Das sind die Abtrünnigen, die ehemaligen Priester. Und wie jeder Abtrünnige verspürt auch der, der klaglos weggegangen ist, das Bedürfnis, der Welt zu beweisen, dass er auch den leisesten Zweifel begraben hat. Da es ihm nicht genügt, sich selbst überzeugt zu haben, buhlt er um Anhänger und setzt alles daran, auch andere von der Entsetzlichkeit eines Lebens zu überzeugen, das permanent in der Unzulänglichkeit der Stadt schmort. Vor allen Dingen sind die Abtrünnigen darauf bedacht, jede Nachricht aus Sizilien zu stigmatisieren. Nicht, dass viele positive Nachrichten kämen, doch für die Abtrünnigen muss glasklar sein, dass es die nicht nur nicht gibt, sondern gar nicht geben kann. Wenn sich unter den Zeitungen eine zeigt, die dieser Haltung auch nur entfernt widerspricht, verbeißen sich die Abtrünnigen sofort in die Aufgabe, ihre Bedeutung oder ihre Glaubwürdigkeit zu zertrümmern. Nur um es noch deutlicher zu machen: Es darf keine einzige gute Nachricht geben, nicht eine, weil ihre Abtrünnigkeit sonst Gefahr liefe, auch nur ein Gran an Sinn zu verlieren. Die Propheten des *irredimibile* gehören größtenteils dieser Unterkategorie an.

Schaut man von außen auf diese Sache, merkt man, dass die Inselbewohner, die weggezogen sind, um ihr Glück anderswo zu versuchen, in einem falschen Licht betrachtet werden. Immer denkt man: Wie pfiffig diese Inselbewohner doch sind; was sie auch anpacken, überall haben sie Erfolg. Im Film, in der Kunst, in der Mode, in der Literatur. Falsch an dieser Sicht ist die Annahme, die ausgewanderten Genies seien zahlenmäßig repräsentativ für alle Bewohner der Insel. Das sind sie nicht, und zum Beweis dafür braucht man sich nur die stets wiederkehrende historische Dynamik anzuschauen, derzufolge regelmäßig die tüchtigsten jungen Leute der Insel auswandern. Egal ob nach Duketios' Niederlage oder bei der Vertreibung der Juden, ob nach dem Scheitern des Bauernaufstands oder beim jähen Erwachen aus dem Traum von der Industrialisierung in jüngster Zeit – bei jeder Krise sieht das System vor, dass nur derjenige sozial und arbeitspolitisch wiedereingegliedert wird, der bereit ist, sich zu unterwerfen. Für die anderen, für alle, die zu widerspenstig sind, um klein beizugeben, gibt es keine Arbeit mehr. Den potenziellen Führungskräften bleibt nur das Auswandern. Deshalb wirken die Leute, die in der Diaspora leben, so brillant: Es gab eine Vorauswahl unter den Guten. Historisch betrachtet, waren immer die Besten, die Unternehmungslustigsten zur Flucht gezwungen. In jüngster Zeit lässt sich eine massive Migrationsbewegung feststellen, die besonders die jungen Leute aus der Oberschicht betrifft, die die Stadt verlassen haben, um woanders zu studieren. Man weiß nicht genau, wie viele von ihnen früher oder später zurückkommen, aber man hat durchaus den Eindruck, dass die Stadt für Künstler sehr attraktiv ist und potenzielle Führungskräfte eher abstößt. Unbeschadet der Tatsache, dass die Mobilität der Menschen ein Charakteristikum oder, besser gesagt, eine Ressource unserer Zeit ist, könnte sich dieses Ungleichgewicht perspektivisch als Problem herausstellen. Eine Gesellschaft braucht Künstler und Dichter, aber sie kann nicht darauf verzichten, von den besten einheimischen Köpfen regiert zu werden. Ohne einheimische Elite läuft die Stadt Gefahr, immer mit mindestens einem Fuß die Grenze zur Unterentwicklung zu übertreten.

Doch auch dieses Fazit kann kein endgültiges sein. Jede Entscheidung ist immer das Ergebnis sehr persönlicher Erwägungen, die auf alle zu übertragen falsch wäre. Es wird darum gehen, die Würde auch derer wiederherzustellen, die hierbleiben, ohne wohlfeiles Gerede, ohne dem Gejammer oder der Passivität des Fatalismus anheimzufallen: letztere übrigens eines der schädlichsten, aber wahrhaftigsten Klischees über den sizilianischen Charakter. Wegzugehen ist nicht die einzige Möglichkeit, aktiv zu sein. Leider gibt es kein entsprechendes Substantiv zu *Weggehen* oder *Aufbruch*, das all die Zweifel, Projekte und Überlegungen derjenigen wiedergibt, die den Mut haben zu bleiben. Man müsste dieses Wort erfinden, das das *aktive* Bleiben am Heimatort bezeichnet. Gerade deshalb, weil das ein Zeichen der Anerkennung gegenüber vielen Sizilianern sein könnte, die an den Klippen verharrten und stoisch ihre Jahre damit verheizt haben, weil sie, ohne es zu wissen, eine längst verlorene Stellung gehalten haben. Zu Ehren all derjenigen, die die Pflicht zur Dummheit spürten, müsste ins Wörterbuch des Italienischen der Eintrag *restanza* (»das Dableiben«) aufgenommen werden. Das bezeichnet den Akt des Bleibens und das Gefühl relativer Sehnsucht. Der *pasta con le sarde* nachzutrauern, ein Gefühl, das viele Sizilianer teilen, die den Weg übers offene Meer gesucht haben, findet seinen Schattenzwilling in dem Gefühl derer, die im Grunde nichts als *pasta con le sarde* essen und vielleicht mal etwas anderes kosten wollen. Wer einen Ort verlässt, hat Sehnsucht nach dem Verlassenen. Doch wer bleibt, spürt auch ein Bedauern über das, was er nicht versucht hat. Darin besteht die *restanza*: in einer Art Sehnsucht nach der Sehnsucht.

Das Dilemma zwischen Gehen und Bleiben ist das herzzerreißendste – und gleichzeitig langweiligste, so sehr man darüber auch streiten mag –, über das sich schon viele Generationen den Kopf zerbrochen haben, ohne dass sie je zu einem befriedigenden Schluss gekommen wären. Du als ziemlich intelligenter Reisender ahnst bereits, dass sich die Dynamik der Beziehungen zwischen den beiden Hauptgruppen der Weggehenden und den Dableibenden samt ihren Untergruppen nicht auf gegenseitigen Groll oder gar Hass beschränkt. Alle Gruppen und Untergruppen verbindet der Neid auf die Verhältnisse der jeweils anderen. Und alle sind davon überzeugt, dass diese Stadt komplizierter ist als alle anderen. Doch auch hier könnte man Widerspruch anmelden. Sicher ist nur, dass das praktische Leben hier anders ist als in jeder anderen Stadt der Welt, weil das Zugehörigkeitsgefühl der Bewohner so stark ausgeprägt ist.

Der Journalist Gianni Riotta erzählte einmal, dass ein Bewohner der Stadt, der an egal welchem Ende der Welt unterwegs ist und nach seinem Heimatort gefragt wird, schon von vornherein weiß, dass sein Gesprächspartner, wenn er die folgerichtige Antwort hört, den Namen der Stadt unweigerlich mit dem Wort Mafia oder etwas Ähnlichem in Verbindung bringen wird. Er kann bestenfalls auf einen taktvollen Gesprächspartner hoffen, der das nicht auch laut äußert. Doch garantiert denkt er nur das eine: Die Stadt ist gleich Mafia. Als Bewohner der Stadt leidet man darunter. Besonders am Anfang. Dann siegt allmählich die Gewöhnung, und der penetrante Gemeinplatz *Stadt gleich Mafia* ruft etwas anderes, schwer Erklärbares hervor, eine Art verschämten Stolz, was auf seine Weise eine starke Form des Zugehörigkeitsgefühls ist. Da der Spruch ständig wiederholt wird, kommt man schließlich auf die Idee, eine Identität zu besitzen. Man gelangt zu der Überzeugung, etwas Besonderes zu sein. Ein Mafioso. Oder ein Anti-Mafioso.

Wenn man, trotz der vielen bequemen Schattierungen der Nachsicht mit kriminellen Machenschaften, der Entscheidung zwischen Mafia und Anti-Mafia nicht entgehen kann, so deshalb, weil die Stadt in höchstem Maße ein auf Ehrbarkeit bedachtes Epizentrum ist. Hier kann man keinen Beruf ausüben, ohne sich zunächst einer Reihe moralischer Probleme zu stellen. Jeder weiß, falls er es wissen will, was ihn erwartet, wenn er einen bestimmten

Beruf ergreift, und zwar ganz einfach deshalb, weil er ihn in dieser Stadt ausübt. Bei Richtern oder Polizisten liegt das auf der Hand, doch das gilt auch, wenn man Anwalt ist, Priester, Zeuge vor Gericht, Kaufmann, Unternehmer, Lehrer, Intellektueller oder illegaler Parkplatzwächter. Wäre Libero Grassi in Cuneo geboren, hätte nie jemand von ihm gehört, und er hätte noch ein langes Leben gehabt. Doch er war nicht nur Unternehmer, er war zudem ein Bewohner der Stadt, und das kommt erschwerend hinzu. Ebenso wie es umgekehrt erschwerend hinzukommt, wenn man nicht nur ein Bewohner der Stadt ist, sondern auch noch Unternehmer.

Es gibt nur einen Beruf, dem man zu seiner vollen Zufriedenheit und gewissermaßen auch unter Missachtung moralischer Skrupel nachgehen kann: Schriftsteller oder Journalist. Schriftsteller und Journalisten sind Schmarotzer, die von eigenem und fremdem Unglück leben. Denn auch schlimme Geschichten sind gute Geschichten, Geschichten, die man erzählen muss. Daher ist die ganze Insel für diesen Berufsstand eine unerschöpfliche Inspirationsquelle. Kein anderer Ort der Welt kann in so kurzer zeitlicher Abfolge mit einer noch umfangreicheren Kollektion von Erdbeben, Vulkanausbrüchen, Mafia, Arbeitslosigkeit, in Booten anlandenden Migranten, Dürreperioden und Überschwemmungen aufwarten (und so seltsam das auch klingen mag, auf dieser Insel schließt eine Dürre eine Überschwemmung nicht aus). Aus dem klassischen Sortiment literarischer Schicksalsschläge fehlt hier lediglich die Pest, doch es ist nicht gesagt, dass sich in naher Zukunft nicht auch in dieser Richtung etwas arrangieren lässt.

Deshalb ist die Bindung an die Stadt bei den Schriftstellern besonders stark ausgeprägt. Wer auf der Insel geboren ist, wird wohl kaum über etwas anderes schreiben können. Er mag die Nabelschnur in der Hoffnung, sie möge reißen, dehnen, wie er will. Sie wird nie reißen. Auch die Autoren der Diaspora finden ihre nationale und internationale Dimension darin, wie sie weiterhin von ihrer Heimat erzählen. Und das gibt es fast nur bei den Autoren dieser Insel. Was anderswo Provinzialismus ist, verwandelt sich hier in eine Metapher für die Welt. Niemand käme auf die Idee, Calvino als ligurischen Schriftsteller zu bezeichnen. Aber

Sciascia ist immer, auch auf der Höhe seines Ruhms noch, ein sizilianischer Schriftsteller.

Die Stärke eines Autors wie Sciascia waren seinen Wurzeln. Er benutzte das reale Leben auf der Insel als Spiegel der Welt, mit allem, was dies in Bezug auf Bescheidenheit und Geduld mit sich bringt. Er hatte für sich persönlich eine gute Lösung für das Dilemma zwischen Weggehen und Bleiben gefunden. Er verbrachte vier Monate in Paris, um Atem zu holen, dann vier weitere in der Stadt, um nachzudenken, und vier in Racalmuto, um weitab von allen Ablenkungen zu schreiben. Sich von seinen Wurzeln loszureißen, ja geradezu seinen Schatten von der Erde zu reißen, um das Flugzeug zu nehmen und sich endgültig in Paris, Rom oder Mailand niederzulassen, hätte für ihn bedeutet, seine ganze Vorstellungswelt aufs Spiel zu setzen.

Selbst Sciascia, also der größte unter den zeitgenössischen Schriftstellern, hat sich nie daran versucht, den großen Roman dieser Stadt zu schreiben. Im Mikrokosmos derjenigen, die sich noch dazu aufraffen, Bücher zu lesen, lässt sich seit Jahren ein verbreitetes Bedürfnis nach einer der Stadt gewidmeten Romanwelt feststellen. Ein Werk, das diese wunderschöne und vom Pech verfolgte Stadt ein- für allemal abserviert, wenigstens als literarischen Gegenstand. So etwas, wie es beispielsweise der *Ulysses* von Joyce für Dublin geleistet hat. Dieses Bedürfnis ist wahrscheinlich aus dem Verlangen entstanden, endgültig mit der Hauptstadt abzurechnen, und nicht nur als literarischem Gegenstand. Es ist fast so, als würde man die Schriftsteller beschuldigen, dass sie dieses Marktsegment noch nicht abgedeckt haben. Manche treiben es sogar so weit, die literarische Tradition der Vergangenheit zu verteidigen, um die Armut der Gegenwartsliteratur anzuprangern, indem man deren Unangemessenheit unterstreicht. Man lässt nicht einmal die Bemerkung gelten, dass die Stadt selbst in der Vergangenheit zu keinem so erschöpfenden Roman inspiriert hat. *Der Leopard* war es nicht, wo die Hauptstadt nur verwässert in einer ganz Sizilien betreffenden Reflexion auftaucht. Wenn man dann resignativ den Kopf in den Sand steckt, nützt es auch nichts mehr, sich daran zu erinnern, dass sogar Schriftsteller wie Sciascia das Thema ihre ganze Karriere über umschifft haben, ohne die Lücke ganz oder im Zusammenhang ihres Gesamtwerkes wenigstens ein bisschen zu füllen.

Das Bedürfnis nach dem großen Roman der Stadt übersteigt den Bereich des Rationalen, und das wird auch so bleiben. Den Überlegungen, die viele zu diesem Wunsch bewegen, lassen sich andere entgegenstellen, aufgrund derer man davon abraten sollte, sich an diesem Unterfangen zu versuchen. Es ist tatsächlich möglich, dass das Problem nicht am Mangel, sondern am Überfluss an Darstellungen liegt. Es existieren unendliche Porträts dieser Stadt, vor allem, wenn man neben der Malerei noch Fotografie, Theater, Kino und Fernsehen in Betracht zieht. Heutzutage den Roman dieser Stadt zu schreiben ist genauso unmöglich wie das Verfassen einer wirklich erotischen Geschichte inmitten all der weitverbreiteten Pornografie. Jedes fiktionale Werk, das hier angesiedelt ist, sieht die Stadt als absolute Protagonistin. Selbst wenn man ihre Rolle auf die des bloßen Hintergrunds beschränken wollte, bahnte sie sich ihren Weg, umginge die Figuren und würde sich in den Vordergrund drängen. Sie ist eine alte Schauspieldiva, die sich nicht dafür schämt, das gesamte Repertoire ihrer handwerklichen Tricks auszupacken, nur um bemerkt zu werden; nur um das Publikum zum Applaus zu zwingen, ohne sich darum zu scheren, dass sie dabei ihre Kollegen auf der Bühne in den Schatten stellt. Üblicherweise lässt diese Art von Exhibitionismus mit dem Alter nicht nach, und das Gegenteil wäre auch seltsam.

Die mit der Stadt verbundene Vorstellungswelt ist so tief verwurzelt, dass man eher ein Moratorium für Erzählungen anordnen müsste, damit wenigstens für die nächsten zwanzig Jahre der ganze Ballast an Klischees abgelegt werden kann: die Mafia, der Schirokko, die *cassata*, die Vucciria. Selbst der Name der Stadt trägt an der Überlast dessen, was seine Erwähnung sofort evoziert, weswegen eine Schonzeit mehr als nötig wäre. Nebenbei gesagt ist das auch der Grund, warum ich mich in diesem Buch bemühe, die Stadt nicht beim Namen zu nennen. Eine erzählerische Schonzeit: das notwendige Mindestmaß, um jenen Genuss wiederzuerlangen, der darin besteht, die Dinge mit dem richtigen Abstand zu sehen – und sie schließlich überhaupt wieder zu sehen. Nun gut, und vielleicht entsteht ja der großer Roman dieser Stadt aus reinem Zufall, ohne dass der- oder diejenige, die ihn schreibt, sich an ihm versuchen müsste.

Kommen wir zurück zum Ausgangspunkt: Jeder, der kein Schriftsteller und kein Journalist ist, kann hier bestenfalls auf emotionaler Ebene einen ausreichenden Grund dafür finden, weshalb er in der Stadt lebt. Ihr unvermeidliches Ehrgefühl macht sie so spannend, dass jeder andere Ort nicht selten dazu tendiert, in den Augen eines Einheimischen binnen Kurzem langweilig zu erscheinen. Als hätte man das Laufen in großer Höhe gelernt – oder während auf einen geschossen wird. Auch ohne elegante Technik läuft man viel schneller, weil Angst, Adrenalin und der Kampf ums Überleben ein fabelhafter Treibstoff sind. Im Gegensatz dazu besteht an einem Ort, wo der Überlebenskampf weniger hart ist, die Gefahr, dass man die Motivation verliert und nach einer Weile aufhört zu laufen. Dieser segensreichen Gefahr sind die Bürger der Stadt ausgesetzt, die in der Diaspora leben. Segensreich deshalb, weil auch diejenigen, die hierbleiben, im Grunde ihres Herzens für eine – gemessen an den allerbanalsten Parametern – höhere Lebensqualität auf eine große Portion malerischen Liebreizes verzichten würden. Ruinen sind höchst fotogen, doch darin zu wohnen, ist etwas anderes, als sie von Zeit zu Zeit zu besichtigen.

Du, lieber Reisender, der du unschlüssig am Fenster eines mehr oder weniger komfortablen Hotels stehst, kannst dir all das nicht einmal im Traum vorstellen. Die spärlichen Kontakte, die du mit der einheimischen Bevölkerung hattest, betreffen nur organisatorische Alltäglichkeiten. Wenn der erste Eindruck nicht traumatisch für dich war und dich nicht einmal mein Gerede entmutigt hat, könntest du noch das erste Bild in dir tragen, das du am Fenster des Flugzeugs von der Stadt gewonnen hast: ein Ort, wo die Freuden des Lebens in ihrer Deutlichkeit geradezu blendend sind. Gleichwohl bewahrst du im Herzen die Worte, mit denen man dich gewarnt hat: Die Stadt kann für kurze Zeit höchst faszinierend sein. Für ein, zwei Wochen, für einen Monat oder zwei kann sie eine Attraktivität entfalten, der man sich nur schwer zu entziehen vermag. Was meinst du, wie lange sollte deine Reise dauern?

Ein großer Teil dieser Faszination rührt womöglich daher, dass die Stadt zu denen gehört, die nicht stillstehen. Es gibt Städte, die in Bewegung sind, und Städte, die stillstehen. In manchen Städten kommt man an und weiß bereits alles. Man fährt als Tourist dorthin, um sich das bestätigen zu lassen, was man schon gehört hat. Man fährt hin, sieht nach, kehrt zurück und bestätigt seinen Freunden und Bekannten: Ja, Venedig ist einzigartig auf der Welt. Ja, Rom ist die ewige Stadt. Ja, Paris bleibt immer Paris. Man begibt sich mehr oder weniger bewusst an diese Orte, um seine Identität als Weltbürger zu festigen, und bei seiner Heimkehr hat man einen Vorrat an Klischees angelegt, der zumindest bis zur nächsten Reise vorhält. Nach der Rückkehr kann man bei seinen Freunden selbst mit schlichten Seufzern Eindruck schinden: Ach, Paris! Ach, Rom! Ach, Venedig! Schon so ein Seufzen kann genügen, um den Eindruck bedingungsloser Verliebtheit zu vermitteln, und ein Klischee ist sowieso immer willkommen. Für die Stadt wurde noch kein Slogan entwickelt, der für alle gültig wäre und als perfektes Klischee für sie dienen könnte. Etwas, was mit *Paris bleibt immer Paris* vergleichbar wäre, was jedoch nicht *Die Stadt bleibt immer die Stadt* heißen könnte, schon allein deshalb nicht, weil es nicht stimmt: Die Stadt bleibt sich nicht gleich. Die Stadt verändert sich ständig. Vielleicht sogar ruckartig und nicht immer zum Besseren; doch sie verändert sich in einem fort. Du besuchst sie heute, bist vor fünf Jahren hier gewesen, wirst in zwei Jahren wiederkommen, und jedes Mal wird sie anders sein. Manche Städte können auch nicht eine Minute stillstehen. Sie ändern ihre urbane Struktur und sogar ihren Charakter und schaffen es trotzdem, ihre Identität zu bewahren. Das gilt nicht für alle Städte. Einige Städte müssen absolut reglos bleiben, um sich ihre Identität zu erhalten. Venedig steht still. Havanna bewegt sich. Wien steht still. Berlin bewegt sich. Barcelona hat sich auf ähnliche Weise bewegt, steht aber seit einigen Jahren still. Unsere Stadt hat sich immer bewegt und ist weiter so sehr in Bewegung, dass du gut daran tust, dich um die Fotos zu sorgen, die du schießen wirst, wenn du endlich doch noch das Hotel verlässt. Wenn du Pech hast, sind sie alle verwackelt.

Nach der Vorstellung, die du dir gemacht hast, nach einer der Vorstellungen, die du gewonnen hast, ist es eine Sonderform von Sadomasochismus, in der Stadt zu leben. Doch das braucht dich nicht zu schockieren. Gibt es nicht auch Leute, die sich von ihrem Partner fesseln und auspeitschen lassen? Warum sollte es dann ein Problem sein, wenn jemand partout in der Stadt wohnen möchte? Manchen gefällt es eben, und es gibt welche, die können schlicht nicht anders.

Find dich damit ab, finden wir uns damit ab. Das ewige ungelöste Dilemma zwischen Bleiben und Weggehen lässt sich schlicht auf das reduzieren, was wir von Schopenhauer, von Leopardi und schließlich von Woody Allen kennen: die Wahl zwischen schlimmer und schlimm. Schlimmer ist, wenn du verkrüppelt oder blind bist. Schlimm ist alles andere. Man muss froh sein, wenn man nur schlimm dran ist.

So weit, so gut. Jetzt müssen wir nur noch feststellen, welche Gruppe wirklich schlimmer dran ist, die, die fortgeht, oder die, die bleibt. Und welche sich glücklich schätzen muss, weil sie nur schlimm dran ist.

3 Orientierung im Chaos

Und das ist das dritte und schlimmste dieser Übel, die Sizilien und besonders Palermo vor den Augen der Welt wirklich herabwürdigen … Sie wissen schon, was ich meine, es ist gar nicht nötig, dass ich's Ihnen sage … ich schäme mich es auszusprechen … Der Verkehr! Viel zu viele Autos! Ein tentakelartiger, schwindelerregender Verkehr, der uns am Leben hindert und uns zu Feinden macht, Familie gegen Familie! Vincenzo Cerami

Sich orientieren zu können hilft oft, die Lähmung angesichts eines fremden Ortes zu überwinden. Besucht man eine Stadt zum ersten Mal, ist es ein Trost, wenn man die Hauptstraße findet. Die, auf der man sich unter die Einheimischen mischt und sich einbilden kann, nicht wie ein Fremdkörper zu wirken. Doch auch in dieser Beziehung ist die Stadt komplizierter, als zu hoffen wäre. Weil es nicht nur eine Hauptstraße gibt. Es gibt viele, manche lösen einander ab, andere liegen nicht im Zentrum, und wieder andere sind zu einer bestimmten Tageszeit oder durch einen bestimmten Menschenschlag auf eine bestimmte Art von Flaniermeile spezialisiert.

Da ist zunächst der Corso Vittorio Emmanuele, der ehemalige *Càssaro*. Der Corso ist heute so von Fußgängern belebt, wie es noch vor gar nicht allzu langer Zeit undenkbar gewesen wäre. Auch die Piazza Bologni, einst der Salon der Stadt, ist heute eine Fußgängerzone. Die Via Libertà ist eine Allee, die Ende des 19. Jahrhunderts die Richtung für die Bauweise in den Wohnvierteln wies – und zwar Richtung Norden. In Barcelona wäre sie eine wunderbare Rambla, doch hier ist es schon schwierig, ihren Mittelstreifen, der auf einer richtigen Rambla den Fußgängern vorbehalten wäre, auch nur zu überqueren. In der Via Libertà hat sich eine doppelte genetische Mutation vollzogen, die in nur wenigen Jahren das Geschäftsgefüge der Stadt durcheinandergebracht hat. Zunächst reihten sich die elegantesten Cafés – das Caflish, das Roney – eins ans andere. Dann hat eine Epidemie alle Cafés dahingerafft und durch Luxusgeschäfte ersetzt, von solchen, die die Kunden schon durch die Spärlichkeit der angebotenen Waren einschüchtern – und mit Preisen, die sich umgekehrt proportional zu dieser Verknappung des Angebots verhalten. Schritt für Schritt hat diese Art von Läden die historischen Lokale verdrängt, in die man auf einen Kaffee einkehren konnte, um sich dem voyeuristischen Vergnügen hinzugeben, die anderen Passanten zu beobachten. Es lassen sich allerdings mittlerweile vereinzelte, leise Anzeichen gegen diesen Trend erkennen, und es ist nicht ausgeschlossen, dass die Via Libertà bald wieder den Rang einer echten Flaniermeile zurückerobern könnte.

Eine triumphale Rückkehr hat die Flaniermeile derweil in der Via Maqueda gefeiert, einer Straße, die aus verschiedenen Gründen eine ausführlichere Erwähnung wert ist. Die Via Maqueda hat ihren Namen von Bernardino de Cardénas, der Herzog von Maqueda und von 1598 bis 1601 Vizekönig der Insel war. Studierte Leute sagen *Macheda*, doch uns soll hier ein nicht so hispanisierender orthophonischer Kompromiss genügen. Die Via Maqueda beginnt am Teatro Massimo und endet am Hauptbahnhof, weshalb sie eine der zwei Hauptachsen der Stadt ist. Die andere ist der Corso Vittorio Emmanuele. Die beiden Straßen bilden ein Kreuz, das das historische Zentrum in vier Teile gliedert. Von dieser Kreuzung gehen strahlenförmig die vier Bezirke der Altstadt ab.

Bis vor ein paar Jahren befanden sich auf der rechten Seite der Via Maqueda Bekleidungsgeschäfte, auf der linken Seite hingegen Bekleidungsgeschäfte. Die Stadt hatte vielleicht die meisten Bekleidungsgeschäfte der Welt. Man fragte sich immer, wie das möglich ist, denn schließlich waren diese Läden weder besonders billig noch besonders originell. Vornehmlich die Boutiquen ließen sich mehr oder weniger alle auf den ortstypischen Begriff *schick* reduzieren. Es gibt einen klassischen Schick und einen jugendlichen Schick, einen reichen Schick und einen armen Schick.

Weiß man nicht, mit welchem Adjektiv man einen Gegenstand oder eine Idee versehen soll, braucht man nur »schick« zu sagen, und jeder weiß, was gemeint ist. Und genau so waren auch die Läden in der Via Maqueda: schick. Schick und meistens leer, weil dort nie jemand einkaufte. Eines der großen Geheimnisse der Stadt war, wie die Bekleidungsgeschäfte wohl über die Runden kamen. Irgendwann fingen die Händler an, vor allem Socken und Markenunterhosen zu verkaufen. Socken und Unterhosen ohne Ende, als ob die Bevölkerung durch eine Mutation plötzlich eine größere Anzahl von Füßen und Hintern als früher besessen hätte und diese nun bekleiden müsste. Mal abgesehen von den Sachen, die sie verkaufen, war das gemeinsame Charakteristikum der städtischen Händler immer das Gejammer. Ständig jammern sie über die geringen Umsätze, und in regelmäßigen Abständen schließen sie ihren Laden, eröffnen dann einen neuen schicken Laden mit einem schicken Namen, behalten ihn sechs Monate, fangen wieder an zu jammern, schließen ihn und beginnen wieder von vorn.

In der ersten Fassung dieses Buchs stand, dass in der Via Maqueda von morgens bis abends ein praktisch nie nachlassender Verkehr herrsche und dass daher der Gestank komme, der hier stets in der Luft liegt. Ein so hartnäckig anhaltender Gestank, dass die Anwohner sich daran gewöhnt hätten und ihn gar nicht mehr wahrnähmen. Wenn von Zeit zu Zeit jemand mit den Messwerten in der Hand enthüllte, dass die Stadt unter Umweltverschmutzung leide, entgegneten die Bewohner: Seit wann denn das? Denn sie waren davon überzeugt, in der großartigsten Stadt der Welt zu leben, deren Luft folglich auch gar nicht anders als großartig sein konnte. Diese ganze großartige Luft war eine olfaktorische Massenhalluzination, was man daran erkannte, dass sich der Gestank der Via Maqueda mit der Zeit als Ruß an den Fassaden der Palazzi absetzte, die deshalb aussahen wie aus Vulkangestein. Wurde jedoch zufällig einmal eine Fassade restauriert, wurde deutlich, dass sie aus hellem Tuffstein besteht, denn es kam ein Ockergelb zum Vorschein, das wirklich gar nichts mit der Schwärze ringsumher gemein hatte und geradezu fehl am Platz wirkte.

Hin und wieder wurde – von der Stadtverwaltung oder von irgendeinem Bürgerkomitee – der Vorschlag geäußert, die Via Maqueda für den Fahrzeugverkehr zu sperren und in eine Fußgängerzone zu verwandeln. Es war die Art von Vorschlägen, die sofort die Geschäftsleute auf den Plan rief, und diese Leute brachten es fertig, noch vor Inkrafttreten des Verbots für den Durchgangsverkehr Statistiken aufzustellen, die einen Rückgang des Geschäftsvolumens um dreißig Prozent belegten. Von Geschäften, die bereits keinerlei Umsatz mehr machten, wenn man ebendiesen Leuten glauben wollte. Während man nun ausrechnete, was null minus dreißig Prozent ergibt, wurde in den Zeitungen durchschnittlich zwei Monate lang über die Fußgängerzone diskutiert, für gewöhnlich genau in der Vorweihnachtszeit. Die Geschäftsleute drohten damit, die Verkäufer zu entlassen. Die Verkäufer gingen auf die Straße, um gegen die drohende Entlassung zu protestieren. Von einem Augenblick zum nächsten schien ein Volksaufstand unmittelbar bevorzustehen. Dann kam Weihnachten, und es geschah nichts weiter, waren sich doch alle einig darüber, dass die Via Maqueda im Großen und Ganzen so, wie sie war, schicker war – also mit Verkehr.

Und hier kommt nun eine Sache, die sich in der Zwischenzeit verändert hat. Radikal verändert. Die Via Maqueda ist heute in den entscheidenden Stunden des Tages eine Fußgängerzone. Der Verkehr, der alles verstopfte und verschmutzte, ist verschwunden. Jetzt gibt es da eine schöne Promenade, die zu den Stoßzeiten an Sonn- und Feiertagen und den Tagen davor fast zu viele Menschen anlockt, was aber immer noch angenehmer ist als reihenweise Autokolonnen. Auch die krisengeschüttelten Bekleidungsgeschäfte haben den Platz geräumt für eine wachsende Anzahl von Lokalen, die auf *street food* spezialisiert sind. Die sind möglicherweise nicht der Gipfel der Eleganz, aber sie haben der Straße, die noch vor Kurzem eine der bleiernsten der Stadt war, sicher neue Lebendigkeit verliehen. Hier wird die Vermischung aller Küchenkulturen Wirklichkeit: Die lokale Tradition verfügt fast über das gleiche Ausmaß wie die Kolonisierung durch Hamburger und Pommes, dazwischen noch vereinzelte Erscheinungen internationaler Küche indo-pakistanischer Abstammung, die sich hier schon zur schlimmsten Zeit der Via Maqueda befanden und überlebt haben, ohne auch nur im Geringsten der Versuchung nachzugeben, sich aufhübschen zu lassen.

Die Wiedergeburt dieser urbanen Hauptschlagader hätte nicht so mühselig und hart erkämpft werden müssen, wenn sich die Bewohner der Stadt von sich aus an bereits gemachte Erfahrungen erinnern würden. Eine der wenigen Fußgängerzonen, die schon früher – in den Achtzigerjahren – eingerichtet werden konnten, ist die in der Via Belmonte. Auch hier lief das gleiche Szenario wie immer ab mit Geschäftsleuten, die sich bereits am Bettelstab wähnten, und Anwohnern, die hingegen für das Projekt waren, weil sie hofften, im Salon der Stadt wohnen zu können. Die Geschäftsleute behaupteten, die Bewohner der Stadt wollten ihr Auto lieber direkt vor dem Laden abstellen, egal, ob in zweiter oder dritter Reihe: Hauptsache, sie behielten es im Blick. Wieder gab es Aussperrungen, und man drohte den Verkäufern mit Entlassung. Doch ganz offensichtlich waren diesmal keine Wahlen in Sicht, und die Stadtverwaltung beschloss, hart zu bleiben; die Fußgängerzone wurde wirklich eingerichtet, und es gibt sie noch immer. Abschließend lässt sich feststellen, dass alle unrecht hatten: die Ladenbesitzer, weil sich ihr Umsatz immens vervielfachte und sie nun schwerreich sind. Ein unscheinbarer Bäcker, der die Anti-Fußgängerzonen-Revolte angeführt hatte, leitet heute einen Trust von mehreren Lokalen, von denen das größte sich sogar des Titels »Antico Caffè« (Altes Café) rühmt. Und auch die Anwohner lagen falsch, weil sich die Flaniermeile in der Via Belmonte besonders samstags und sonntagnachmittags in einen ungeheuren Fußgängerstau verwandelt. Für Misanthropen und Eigenbrötler bis in die frühen Morgenstunden nicht zu empfehlen.

Die Phänomenologie des Autoverkehrs in der Stadt hat eine gesonderte Betrachtung verdient. Als gutinformierter Reisender hast du bestimmt davon gehört, und es wäre weder ehrlich noch hilfreich, dir die Wahrheit vorzuenthalten. Nur eine kleine Warnung: Wenn du dich je dazu entscheiden solltest, das Hotel zu verlassen und dich auf den Weg zu machen, solltest du bedenken, den Straßenschildern und den offiziellen Ortsnamen nur wenig

Vertrauen zu schenken. Es wird dir auch keine Hilfe sein, Passanten nach Informationen zu fragen, trotz der Freundlichkeit der örtlichen Bevölkerung. Das Problem ist, dass zwischen dem, was die Karten sagen, und dem Wissen der Menschen ein unüberbrückbarer Unterschied besteht. Es handelt sich dabei um ein lokales Distinktionsmerkmal: Die Namen der Dinge und Orte werden verändert, um sie den eigenen Launen anzupassen. Wir haben schon von Santa Maria dei Naufraghi (Heilige Maria der Schiffbrüchigen) gesprochen, die sofort zu Santa Maria dei Annegati (Heilige Maria der Ertrunkenen) wurde. Ein anderes Beispiel: Sant'Agostino gilt nicht als angemessener Titel für die schöne Kirche im Stadtviertel Capo, die nach dem Wunsch der Einwohner in Santa Rita umgetauft wurde. Hier zeigt sich eine Tendenz zur Personalisierung von Namen, für die sich unter den Ortsnamen der Stadt weitere Beispiele finden lassen. Die Hauptachse der Stadt von Norden nach Süden ist geprägt von einer Abfolge von Plätzen, die auf einer Linie liegen und bemerkenswerterweise alle unter einem anderen Namen bekannt sind als ihrem eigentlichen: die nach Giovanni Paolo II benannte Piazza hat man insgeheim nie anders als Tienanmen genannt, trotz der Verehrung für den polnischen Papst. Piazza Vittorio Veneto ist schlicht und einfach zu *la Statua* (die Statue) geworden. Daraus entstehen Dialoge, die Besuchern surreal erscheinen mögen:

»Wo wohnst du?«

»An der Statue.«

Diese Statue mit der Figur der Viktoria ist übrigens auf der Piazza fast unsichtbar, weil sie hoch oben auf die Spitze eines Obelisken gesetzt wurde. Wenn man der Via Libertà folgt, werden die beiden Zwillingsplätze Piazza Mordini und Piazza Crispi gemeinsam zur Piazza Croci, um keine Ungleichheit aufkommen zu lassen. Der Platz, der Piazza Politeama genannt wird, ist eigentlich aus zwei aneinandergrenzenden und wenig bekannten Plätzen zusammengesetzt: Piazza Castelnuovo und Piazza Ruggiero Settimo. Die Piazza Verdi nennen alle Piazza Massimo. Und fünf Kilometer entfernt vom Anfang des Rundgangs liegt schließlich die Piazza Giulio Cesare, die gemeinhin bekannt ist als *la Stazione* (der Bahnhof). Alles klar?

Falls du wirklich diese Extremerfahrung machen willst, in der Stadt Auto zu fahren, tu dies bitte nicht in der Stoßzeit, wenn der Verkehr seinen schlimmsten Höhepunkt erreicht. Vor allem nie samstags und nie sonntags. Ist der Stau wochentags noch einigermaßen annehmbar, ist er an Feiertagen aus geradezu ethischen Gründen nervtötend. Man kann sich denken, dass all die Autofahrer von montags bis freitags aus beruflichen Gründen unterwegs sind und folglich gar nicht anders können. Doch wohin fahren sie am Wochenende? Und wohin sie auch fahren mögen, warum tun sie es mit dem Auto? Und vor allem: Warum verhindern sie mit ihren Autos, dass meines zügig vorankommt?

Der Stau, der am und vor dem Wochenende auf dem Foro Italico oder in Mondello herrscht, ist die Weiterentwicklung des Sonntagsspaziergangs, des Flanierens auf der Hauptstraße, wie es noch heute auf dem Dorf praktiziert wird. Nur dass die Stadt eben kein Dorf ist. Denk das ja nicht, die Einheimischen wären beleidigt. Sie ist höchstens ein Mittelding zwischen einer Kleinstadt und einer Metropole. Sie liegt wirklich genau in der Mitte zwischen beidem. Zu provinziell, um auf den Sonntagsspaziergang zu verzichten, und zu sehr Metropole, um sich damit abzufinden, es in altem Stil zu tun und die Füße zu benutzen. Also gibt es noch immer einen sinkenden, aber weiterhin beträchtlichen Teil der Bevölkerung, der lieber im Auto flaniert. Und zwar jeder in seinem Auto, und im Schritttempo.

Sollte es der Verkehr sein, der dir solche Angst macht, kann ich dein Widerstreben verstehen.

Doch auch auf diesem Feld gab es in den letzten Jahren Fortschritte. Und mit einigen Tricks wirst selbst du dir zu helfen wissen, der du das Handicap hast, das Fahren unter normalen Bedingungen gelernt zu haben. Beispielsweise ist die Zahl der sogenannten Kreisverkehre exponentiell gestiegen. Wie der Rest der Welt beginnt die Stadt Schritt für Schritt ihre Kreuzungen mittels Kreisverkehren zu regulieren, aber ohne sich deshalb gleich den kulturellen Modellen der Globalisierung anzupassen. Wie wir gesehen haben, ist die Stadt, wo sie kann, der individuellen Ausgestaltung zugeneigt. In diesem Fall besteht die Besonderheit vor allen Dingen in der Form dieser Kreisverkehre, die fast nie kreisrund sind. In den besten Fällen sind sie elliptisch oder langgezogen, amöbenförmig oder gezackt. Auch auf diesem Feld wird das bestätigt, was über das dionysische Element gesagt wurde. In den örtlichen Varianten des Kreisverkehrs läuft man sicherlich nicht Gefahr, in eine hypnotisierende Drehbewegung zu verfallen, aber man muss doch ständig mit dem Lenkrad eingreifen, um dem unregelmäßigen Kurvenverlauf zu folgen. Es lohnt sich, immer wachsam zu bleiben.

Es ist insbesondere sein mentaler Zugang zum Kreisverkehr, der den Bewohner der Stadt kennzeichnet. Bekanntermaßen sieht die internationale Regel vor, dass an jeder Einfahrt zum Kreisverkehr ein Schild steht, das an die Pflicht erinnert, denjenigen die Vorfahrt zu lassen, die sich schon im Kreisverkehr befinden. Hier nicht, hier läuft es anders. Hier steht die Vorfahrt unabhängig von den Straßenschildern dem zu, der sich reindrückt. Mehr noch: Der Fahrer, der sich reindrückt, hat das Recht, nicht auf den zu achten, der herankommt. Sich nicht darum zu scheren, wer da herankommt. Erst wenn er drin ist, wird er genau in der Mitte der Fahrbahn abbremsen, dabei drei Viertel der Wagenseite dem Nachfolgenden zugekehrt, und einen feurigen Blick auf den Schurken werfen, der ihm womöglich sein Vorfahrtsrecht streitig machen will. In diesem Blick ist all der Groll versammelt, den der Autofahrer durch die Begegnung mit seinesgleichen hegt. Es ist ein sprechender Blick, und er sagt: »Siehst du denn nicht? Ist dir nicht aufgefallen, dass ich hier in den Kreisverkehr gefahren bin?« Mehr noch: »Dass *ich* hier bin? Willst du mir etwa auf die Pelle rücken? Mach nur. Mach nur, wirst schon sehen.«

In solchen Blicken steckt nicht die Arroganz der Grenzüberschreitung, sondern eher die sarkastische Gewissheit, im Recht zu sein. Gott ist auf der Seite derer, die sich ohne Rücksicht in den Kreisverkehr reindrücken. Der Kreisverkehr an sich ist eine Art modernes Ordal, ein Gottesurteil, das über Mensch und Auto, über das Vorfahrtsrecht und über das Überleben jedes einzelnen hereinbricht.

Im Allgemeinen wird denjenigen, die von rechts kommen, nur dann Vorrang eingeräumt, wenn diesbezüglich von links ein formaler Anspruch festgestellt wird. Vor diesem Moment gelten andere Regeln, die man kennen muss, um zu vermeiden, bei einem Unfall schlecht dazustehen. An Kreuzungen zählen die folgenden Kriterien, in ungeordneter Rangfolge: Modell und Hubraum des gegnerischen Autos, Geschlecht, Blick und Haltung des Fahrers. All das sind Kriterien, die es auf den ersten Blick einzuschätzen gilt, und zwar in einer Mischung aus Instinkt und kultureller Bildung, die weit über die bloße Kenntnis der Straßenverkehrsordnung hinausgeht.

Eine andere Information, die dir beim Autofahren nützlich werden könnte, betrifft die sogenannten Geschwindigkeitshemmer, also die künstlich hergestellten Schwellen, die quer zur Fahrbahn angebracht sind, um Raser zu entmutigen. Es gibt kein Viertel, das sich nicht diese Zeichen zivilen Straßenlebens angeschafft hätte, auch wenn viele über die Jahre abgeflacht oder ausgerissen wurden. Der Niedergang der Geschwindigkeitshemmer rührt daher, dass es niemandem auch nur im Traum einfiele, in ihrer Nähe langsamer zu werden. Die Erfahrung zeigt vielmehr, dass es weniger traumatisch ist, sie einfach zu überfahren statt vorher abzubremsen. In seiner *'xpertise* hat der Autofahrer der Stadt gelernt, darauf zu pfeifen: sowohl auf die Geschwindigkeitshemmer als auf all die anderen Hindernisse, die der tyrannische Staat ihm in den Weg legt. In der Stadt vor einem solchen Geschwindigkeitshemmer abzubremsen ist nicht nur wenig männlich, sondern geradezu gefährlich. Neben der lauten Hupe des Folgeautos muss man darauf gefasst sein, dass einem hinten einer drauffährt. Außerdem werden die Geschwindigkeitshemmer aus Plastik nach und nach von der einheimischen Bevölkerung demontiert, wahrscheinlich von anonymen Rollerfahrern, die etwas gegen diese Art Unbequemlichkeit haben. Die Bolzen werden vom Asphalt gelöst und die einzelnen Segmente fortgetragen, sodass jeder Geschwindigkeitshemmer bald unter einer Art Karies leidet, der seine Durchgängigkeit unterbricht. Durch die so entstandene Lücke stoßen die Saboteure und ihre Freunde auf den Motorrollern, ohne dass sie beim Fahren weiter diesen lästigen Rückstoß fürchten müssten, der sie in die Gefahr einer gebrochenen Wirbelsäule bringt.

Ein weiterer Hinweis: die Nutzung des Warnblinkers. In der Stadt werden sie so häufig gebraucht, dass es die allbekannte Nutzung deutlich übersteigt. Den Warnblinker anzumachen bedeutet für den Autofahrer die Totalabschaltung seines Gewissens. Ich muss noch Zigaretten kaufen? Ich stelle mein Auto in die zweite Reihe, schalte den Warnblinker ein, und alles ist gut. Kein Polizist würde einem Auto mit Warnblinker einen Strafzettel erteilen, weil der doch einen Notfallhalt anzeigt, auch wenn es nur ein Zigaretten-Notfall ist. Dieser besondere Gebrauch kann einen zu dem Gedanken verleiten, dass der Warnblinker wohl auch im Fall eines Mordes als mildernder Umstand zählen würde. »Euer Ehren – ja, mein Mandant hat seine Ehefrau umgebracht. Aber er hat vor der Haustür das Auto mit Warnblinker stehen lassen.« – »Ach, na dann, gut.«

Und weiter für den Fall, dass du etwas wagen willst: Hab keine Angst, wenn ein anderer Autofahrer anfängt, dich aus Gründen anzumeckern, die dir geringfügig scheinen. Du musst immer daran denken, dass Fenster und Windschutzscheiben eine abschirmende Funktion haben, und für den hiesigen Autofahrer ist Scheibe gleichbedeutend mit Schutzschild. Nennen wir es die Illusion der Fensterscheiben-Immunität. Hinter den Fenstern jedes Autos brodeln allzu oft die schlimmsten Ressentiments, die bei der kleinsten Gelegenheit überzukochen drohen. Sonst ausgesprochen zivilisierte Personen beleidigen sich bis aufs Blut, weil sie sich einbilden, dass das Glas eine vollkommen geschlossene Hülle darstellt, körperlich wie moralisch. Eine kindische Hoffnung, unerkannt zu bleiben, die sich in Wahrheit sofort in Luft auflöst, sobald die Fenster heruntergelassen sind. Wie mancher hinter dem Computerbildschirm bilden sich viele auch hinter der Scheibe der Autofenster ein, sie könnten das Schlimmste ihrer selbst offenbaren, könnten Dinge sagen, die sie jenseits der Scheibe niemals sagen würden, oder auf eine Weise gestikulieren, wie sie es ohne diesen täuschenden Schutz niemals tun würden.

Das musst du wissen, lieber Reisender, wenn du dich in der Stadt bewegen möchtest. Aber ganz ehrlich, wieso solltest du Auto fahren? An Alternativen mangelt es nicht. Da wären die öffentlichen Verkehrsmittel, um die sich gleichwohl einige Legenden ranken. Die Bewohner der Stadt verachten sie aus Prinzip, weil sie, so wird behauptet, sowieso nie fahren. Das hat natürlich seine Kehrseite, und so entsteht ein Teufelskreis: Je mehr die öffentlichen Verkehrsmittel verschmäht werden, umso weniger Interesse gibt es, das Angebot auszubauen. Es kann hilfreich sein zu wissen, dass die Bushaltestellen vor einigen Jahren mit neuen Regendächern versehen wurden, doch die alten hat man an ihrem Platz gelassen, um Werbeplakate darauf zu stellen. Das Auge des Fremden kann die richtige Überdachung nicht von der falschen unterscheiden, die oft einige dutzend Meter entfernt ist. So kann es passieren, dass man den Bus vor oder hinter sich halten sieht, und wer es nicht besser weiß, könnte diese Merkwürdigkeit für eine persönliche Beleidigung oder ein Symptom des Chaos halten. Wenn es vorkommt, dass man einige wartende Touristen an der Haltestelle sieht, die Karten oder Smartphone-Apps zu Rate zu ziehen versuchen, überkommt den einheimischen Beobachter ein Gefühl der Zärtlichkeit. Fast möchte man anhalten und sich als Mitfahrgelegenheit anbieten. Zu den Neuerungen der letzten Jahre gehören zwei Straßenbahnlinien, die sich vom Herzen der Altstadt fernhalten, sowie eine ultraleichte, kaum wahrnehmbare U-Bahn, die seit Langem entlegene Teile der Stadt miteinander verbindet.

Es gibt ein öffentliches Leihrädersystem, eine Neuerung, die sich als deutlich weniger heikel als erwartet entpuppt hat, genau wie das recht gut funktionierende Carsharing-Äquivalent. Allein, die Radwege in der Stadt brechen ständig ab, sind karstig, werden kaum respektiert und sind in den meisten Fällen mit Kacheln belegt, die die Fahrt zu einer holprigen Tour werden lassen.

Außerdem gibt es improvisierte Gelegenheits-Fortbewegungsmittel. Ein typisches Fahrzeug der Stadtbewohner ist die *Lapa*. Man nennt hier Lapa, was überall in der Welt als Piaggio Ape bekannt ist, also das Fahrzeug auf drei Rädern, das für kleine Transporte, zum Obstverkauf oder für andere Dinge benutzt wird, weil es sich so einfach und wirkungsvoll bewegt. In Sizilien hat die Ape eine Mutation durchlebt, die sie bis hin zum Namen (eben *Lapa*) in etwas anderes verwandelt hat. Ohne die Überheblichkeit des Autos zu besitzen, fügt sich die Lapa in die Anarchie des städtischen Verkehrs ein, indem sie die Unverschämtheit der zweirädrigen Fahrzeuge, die sich nur wenig an mühevollen

Dienstleistungen beteiligen wollen, umgehen kann. Zu kommerziellen Zwecken wird von der Lapa noch ein anderer Gebrauch gemacht. In den letzten Jahren hat man sich darum bemüht, sie in Verkehrsmittel für Touristen umzuwandeln. Weniger als ein Taxi, aber pittoresker, und etwas, das anders ist als die Pferdekutschen, die sich hier auch noch finden lassen. Im Vergleich zu denen hat die Lapa den Vorteil, dass sie sich auch in den engsten Gassen der Altstadt umherbewegen kann. (In Südostasien kennt die Piaggio Ape eine analoge Verwandlungsstufe, die *tuk-tuk* heißt. Es wäre interessant, sich die Verkaufsstatistiken einmal anzusehen, vielleicht würde man entdecken, dass sich die Ape inzwischen ausschließlich in Sizilien und dem Fernen Osten verkaufen).

Die Modifikation am Fahrzeug sieht in diesem Fall vor, Sitze in zwei Reihen anzuordnen, unter einem Verdeck und mit halben Türen, die unterschiedlich geschmückt sind, mal mehr und mal weniger geistreich. Die Lapa-Fahrer bieten den Touristen ihre Dienste an strategisch ausgewählten Ecken an, wo sie mit Augenmaß ihre Kunden vorsortieren und sie mit heimtückischen Angeboten locken. Heimtückisch deshalb, weil es erstens keinen Taxameter gibt und zweitens der Passagier, der das Angebot annimmt und an Bord kommt, sich erst einmal bekreuzigen und sich dann gänzlich in die Hände des Fahrers begeben muss. Es wird daher empfohlen, sich von einem *Lapista* genannten Fahrer ködern zu lassen und dann eine Verhandlung der Art aufzunehmen, wie man sie aus dem Nahen Osten kennt (diese Stadt *ist* der Nahe Osten), um auf einen guten Preis zu kommen und böse Überraschungen zu vermeiden. Eingehend zu verhandeln ist immer wichtig, nicht nur um zu sparen, sondern vor allem, um den Respekt deines Gesprächspartners zu erlangen und ihn von der Idee abzubringen, dich hinters Licht zu führen. Du solltest also klar und deutlich deine Ansprüche formulieren und so in seinen Augen ein Ansehen gewinnen, das er dir, sobald er losgefahren ist, in seinem Herzen wieder wird aberkennen wollen, weil er sich denkt, dass einer, der – sagen wir – am frühen Nachmittag eine Runde in einer Lapa drehen will, auch zerstreut genug ist, um hereingelegt werden zu können – ja, geradezu hereingelegt werden zu wollen. Es ist schwierig, nicht dumm dazustehen gegenüber jemandem, der sich für zu schlau hält, doch es ist auch nicht unmöglich: Hat er den potenziellen Kunden erst einmal angelockt, hat der Lapista großes Interesse, ihn nah bei sich zu haben, und mit ein paar Tricks kann man sich auf einen vernünftigen Preis und auch auf eine mittellange Strecke einigen. Die Lapa-Fahrer sind gierig: Sobald sie sehen, dass ihnen ein Kunde, den sie gerade noch an Bord glaubten, zu entgehen droht, sind sie jederzeit in der Lage, den Fahrpreis zu senken. Natürlich wird eine dreistündige Rundfahrt nicht sehr günstig sein, also spiel auch du nicht den Knausrigen. Sobald ihr euch geeinigt habt, schüttele ihm die Hand. Auch das größte Schlitzohr unter den Lapista fühlt sich von einem Handschlag verpflichtet, der so viel gilt wie ein Ehrenwort. Und danach: Hab Vertrauen, entspanne dich und überlasse dem Fahrer den Stress, sich durch das Labyrinth der Altstadt zu winden.

Wenn du ein abgelegenes Hotel ausgesucht hast, werden deine Probleme andere sein, aber du teilst sie mit vielen Einwohnern, die lieber in den Außenbezirken wohnen wollten, denn sie hegten die Illusion, die Stadt genießen zu können, indem sie sich von ihr fernhielten, und sie von Weitem zu betrachten, ohne allzu sehr involviert zu sein. Allerdings bietet auch ein Hotel außerhalb der Stadt keinerlei Sicherheit. Früher oder später musst du dich der Stadt stellen. Jeder muss das tun, wenn auch aus unterschiedlichen Perspektiven. Von Weitem betrachtet, wirkt die Altstadt, als wäre sie einer Art Mikrokontinentalverschiebung unterworfen, als bewegte sie sich auf einer von der Peripherie losgelösten Erdscholle und als rückte diese Verschiebung sie noch weiter in die Ferne. Mit Besorgnis lesen die Bewohner der Außenbezirke die Nachrichten aus dem Zentrum, vornehmlich die nie abreißenden Neuigkeiten aus dem Verkehrswesen. Sie verfolgen die Entwicklungen im Straßenverzeichnis, wie man in Kriegszeiten auf die Landkarte schaut, um festzustellen, wie nahe, wie irrwitzig, aberwitzig nahe die Bombenangriffe bereits sind. Große Panik hat beispielsweise seinerzeit die Einrichtung einer verkehrsberuhigten Zone hervorgerufen, die den gesamten Umfang des historischen Zentrums betraf. Die Streitereien schienen eine Unendlichkeit anzudauern, aber selbst Unendlichkeit ist ein relativer Begriff hier in der Stadt, und selten übersteigt sie die Zwei-Wochen-Grenze. Dann gewöhnt man sich praktisch daran. Man gewöhnt sich hier an alles.

Sogar an den Lärm gewöhnt man sich. Damit du nicht zu sehr erschrickst, wenn du das Hotel verlässt, sollst du wissen, dass für die Autofahrer der Stadt die Hupe ein Kommunikationsmittel ist, mit dem man seinem Nächsten auch die verborgensten Gefühlsregungen mitteilen kann. Wer in der Stadt lebt, hat sich in gewisser Hinsicht daran gewöhnt, doch auf den, der nicht damit vertraut ist, wirkt jedes Hupen, diese handliche Form der Verkehrsregelung, wie eine Warnung vor akuter Gefahr. Die Entdeckung, dass es sich stattdessen nur um eine Bekundung von Widerspruch, Erstaunen oder Freude seitens eines extrovertierten Autofahrers handelt, trägt nicht dazu bei, den Stress abzubauen.

Die Entgleisung der Sinne führt dazu, dass die Formulierung *scendere in centro*, ins Stadtzentrum hinuntergehen, nirgendwo sonst eine so bedrohliche Konnotation hat wie in der Stadt. Der Weg ins Zentrum ist eine Metapher des Danteschen Abstiegs in die Unterwelt, ein Initiationsritus, den es mutig in Angriff zu nehmen gilt. Die Fahrt ins Stadtzentrum besitzt den schwindelerregenden Reiz des Unbekannten. Man unternimmt sie im Vertrauen auf die eigene Abenteuerlust, denn es ist eine Fahrt voll unvorhersehbarer Umstände. Immer wieder muss man sich Fragen stellen wie: Soll ich das Auto nehmen? Durch welche Straßen fährt mein Bus wohl heute? Werden die Geschäftsleute die Straße blockiert haben, um eine Lösung der Verkehrsprobleme zu fordern? Und wo werden die gesellschaftlich nützlichen Arbeiter diesmal mit ihrem Demonstrationszug zuschlagen? Und die Baustellen? Welche neuen Baustellen wurden eröffnet? Sich auf dem Laufenden zu halten, die Tageszeitungen zu lesen und sich neue Bewegungsstrategien zurechtzulegen genügt nicht. Man muss losgehen und sich selbst ein Bild machen. Es gab eine Zeit, da war der Weg durch die Via Maqueda reine Glückssache. Sie konnte gesperrt sein, frei oder beides. Alles hing von dem Verkehrspolizisten ab, der an dem betreffenden Tag zur Bewachung der Einfahrt eingeteilt war, davon, ob er streng oder nachsichtig war. Der Autofahrer musste bis dicht an ihn heranfahren und innerhalb weniger Sekunden die Lage einschätzen, indem er das Verhalten und den Gesichtsausdruck des Polizisten erforschte. Wenn dieser sich beispielsweise zu einem Schwätzchen mit einem Kollegen umgewandt hatte, hieß das so viel wie freie Fahrt. Wenn er jedoch aufmerksam den Verkehr beobachtete, war es zweifellos besser, die Abbiegepflicht zu respektieren. Im Allgemeinen haben wir viele Verbote, doch nicht alle sind bindend. Was als Recht nicht gestattet wird, lässt sich wunderbar als freundliches Zugeständnis auslegen. Auf lange Sicht ruft das ein ständig schwelendes schlechtes Gewissen hervor. Und unter Ausnutzung dieses Gefühls wird der Bürger in einem Zustand ständiger Untertänigkeit gehalten.

Dem Autofahrer, der den Weg ins Zentrum allein auf sich gestellt in Angriff nimmt, ist die Bestürzung darüber, dass er jedes Mal eine neue Serie von Geboten und Verboten entdecken muss, wohlvertraut. Falls er gern verreist, hat die Sache in gewisser Hinsicht auch ihr Gutes, denn er hat stets das Gefühl, in einer anderen Stadt unterwegs zu sein. Er lernt neue Blickwinkel kennen, wird durch die vorgeschriebenen Fahrtrichtungen dazu gezwungen, nie zuvor gesehene Stadtviertel zu besuchen, macht die Bekanntschaft anderer Autofahrer und hat bei dem zähflüssigen Verkehr genügend Zeit, am Fenster die Art von Gesprächen zu führen, die im Rhythmus des modernen Lebens schon untergegangen zu sein scheinen, in diesem Verkehr jedoch überraschenderweise wiederaufleben.

In der Stadt kommt es vor, dass man, wie vorgeschrieben, abbiegt und in einer engen Gasse auf reges Markttreiben stößt, ohne irgendeine Fluchtmöglichkeit zu haben; geht es nach der Straßenverkehrsordnung, kann man in so einem Fall nur den Motor abschalten und auf den anbrechenden Abend warten, weil dann die Stände abgebaut werden und die Straße wieder passiert werden kann. Natürlich sind das nur kleine Patzer in der Verkehrsplanung, die innerhalb weniger Tage schnurstracks korrigiert werden, und das ist tröstlich. Es ist ein Indiz für die Existenz eines umsichtigen, vorausschauenden Sachverständigen oder Beraters für Verkehrsfragen. Aber gemeinhin kennen die einheimischen Autofahrer die kleinen Notbehelfe: die Abkürzungen, die kleinen Ordnungswidrigkeiten, der kurze Weg entgegen der Fahrtrichtung, den nie jemand beanstandet. Heute kann man in der berechtigten Annahme, straffrei auszugehen, verkehrt herum in die schmale Einbahnstraße einbiegen, die den Vicolo Pandolfini mit dem Viale Lazio verbindet, indem man eine Tankstelle durchquert, aber wird das auch morgen noch möglich sein? Der beständige Strom an Autofahrer-Ärger wird von den Myriaden an Tricks zumindest abgeschwächt. Diese Tricks verwässern den Zorn der Autofahrer, der binnen kurzer Zeit erlischt. Im Blick des im Stau Steckenden lodert ein Strohfeuer, doch am Ende wird jede Verkehrsregelung, selbst die exzentrischste, mit allgemeiner Gleichgültigkeit quittiert. Nach dem konditionierten Empörungsreflex wird jede Regelung als unabwendbar hingenommen.

Im Allgemeinen funktioniert der Empörungsreflex der Stadtbewohner nur mit Unterbrechungen. Besonders oft lassen sich Kurzschlüsse zwischen Kurz- und Langzeitgedächtnis nachweisen. Zuweilen werden gerade erst vorgefallene Ereignisse vergessen, obwohl sie große Wut hervorgerufen haben. Wahrscheinlich haben die Bewohner der Stadt irgendwo im Gehirn eine Reset-Taste. Wie die Computer. Eine Taste, die sie vor jeder Kommunalwahl versehentlich drücken und die die gesamte Festplatte löscht. Nur so lässt sich erklären, dass in ihrem Kopf nie eine Spur von den abgegebenen Versprechungen und erlebten Enttäuschungen bleibt. Und nur so lässt sich der sorglose Masochismus erklären, mit dem sie seit jeher zu den Wahlurnen schreiten.

Der Vollständigkeit halber wird die Reset-Taste dann wohl ein zweites Mal gedrückt, wenn man das Wahllokal verlassen hat. Denn die Bewohner der Stadt erinnern sich so gut wie nie daran, für wen sie das letzte Mal gestimmt haben. Deshalb fühlen sie sich vollkommen berechtigt, bei jeder Gelegenheit zu murren, egal, um wen es geht. Deshalb hagelt es in den kleinen Bars, in den Geschäften und in den Portierslogen empörte Worte. Und diese Empörung ist blutdürstig und droht von einem Tag zum anderen in eine neue Sizilianische Vesper zu münden. Man sollte jedoch nicht vergessen, dass die Sizilianische Vesper am 30. März 1282 nicht durch eine der zahllosen Schikanen ausgelöst wurde, denen die Bewohner der Stadt jahrhundertelang ausgesetzt waren, sondern durch die einmalige Beleidigung der Ehre einer Frau. Die Anjou unter Karl I. unterdrückten, misshandelten und schikanierten die Einheimischen, wie es vor ihnen und nach ihnen die Punier, die Griechen, die Römer, die Byzantiner, die Araber, die Normannen, die Staufer, die Aragonier, die Bourbonen, die Savoyer und wer sonst noch alles getan hatten. Doch was das Fass der Resignation schließlich mit solcher Virulenz zum Überlaufen gebracht hatte, war ein Wort zu viel, das an eine Frau gerichtet worden war. Und selbst wenn es nicht so war: Die Legende wird von den Beteiligten überliefert, die sich dann darin wiedererkennen. Dies sollte hinsichtlich der Werteskala, die den Zorn der Stadtbewohner regelt, nachdenklich stimmen.

Wenn das Wasser knapp ist oder wenn der Vertrag für einen der vielen prekären Jobs nicht verlängert wird, schießen mit einem erschreckenden Überschwang an kollektiver Wut sofort Straßensperren aus dem Boden: brennende Müllcontainer, umgekippte Autos, liegengebliebene Busse mit durchlöcherten Reifen, und dazu kommen Schimpftiraden gegen die Regierenden, sodass man meinen könnte, das kollektive Bewusstsein sei erwacht und die Bewohner der Stadt wollten die systematische Nichteinhaltung von Versprechen nun nie, nie wieder widerspruchslos hinnehmen. Du, mein argloser Reisender, bildest dir ein, diese Hitzköpfe würden den Politikern, von denen sie getäuscht wurden, bei den nächsten Wahlen eine Lektion erteilen. Sie würden sich endlich daran erinnern, dass dieselben, die damit beauftragt waren, den Verkehr zu regeln oder den Wassernotstand zu verwalten oder den Arbeitsplatzmangel zu beheben, auch dazu beigetragen haben, diesen Notstand herbeizuführen. Wie heißt es doch so schön: Kein Mensch ist so dumm, dass er nicht weiß, ob ihn der Schuh drückt. Doch du bist mit deinem politischen Verständnis auf dem Holzweg: So wird es nicht kommen, weil die Bewohner der Stadt nicht fähig sind, die Wahlen mit dem in Verbindung zu bringen, was davor und danach geschieht. Denn bedauerlicherweise drückt jedes Mal jemand auf die Reset-Taste, der Speicher wird gelöscht, und die Wahlen laufen wieder so, wie sie immer gelaufen sind.

4 Sterben, schlafen, vielleicht träumen

Ich glaube nicht, dass ich eine andere Stadt kenne, in der der Sinn fürs Leben so ausgeprägt ist. Vielleicht weil hier auch der Sinn für den Tod so ausgeprägt ist. Wim Wenders

Bei der Lektüre dessen, was ich bisher geschrieben habe, fällt mir auf, dass ich trotz meines Bemühens, dir deine Ängste zu nehmen, sie nur noch weiter geschürt habe. Und ich fürchte, auch dieses Kapitel wird dich nicht dazu ermutigen, dein Zimmer zu verlassen. Im Gegenteil, mach dich auf etwas gefasst, denn ich möchte dir nun erklären, welches Verhältnis die Bewohner der Stadt zum Tod unterhalten. Falls du aus einem anderen kulturellen Universum als dem unseren kommst, mag dir das Thema aus Aberglauben sehr gewagt vorkommen, weswegen du das Recht hast, auf Holz zu klopfen oder was immer du sonst tun möchtest, doch es ist unabdingbar, dass du auch über all diese Dinge informiert wirst.

Falls du einen Freund in der Stadt hast, wirst du dich zu einem ersten Orientierungsrundgang bereits mit ihm verabredet haben. Vielleicht wartet er gerade auf deinen Anruf, um dich abzuholen. Doch du bereust die Verabredung inzwischen. Du musst mit ihm telefonieren, um sie abzusagen oder wenigstens zu verschieben. Allerdings dürfte es schwierig sein, ihm zu erklären, warum du dich nicht in der Lage fühlst mitzukommen. Er wollte doch nur nett und gastfreundlich sein und dir das Wichtigste zeigen – die Piazza Pretoria, die Kathedrale, den Normannenpalast – und unterwegs, abseits der Sehenswürdigkeiten, vielleicht auch die Straßenecken miteinbeziehen, an denen die berühmtesten Mafiamorde begangen wurden. Hier wurde General Dalla Chiesa ermordet, hier haben sie auf Pio La Torre geschossen und so weiter.

Eine regelrechte Tour der Ermordeten war vor einigen Jahren von einem scheinheiligen Reiseveranstalter organisiert worden, dem es auf diese Weise gelang, in Form von entrüsteten Polemiken all die Werbung zu bekommen, auf die er spekuliert hatte. Die geplante Tour fand zwar nie statt, doch ist die Rundfahrt mit dem Auto, die die Bewohner der Stadt für den unbeleckten Touristen parat haben, im Grunde auch nichts anderes, eine Fahrt, die exemplarisch für den unverkrampften Umgang ist, den sie mit dem Tod pflegen. Typisch sind vor allem der falsche Schmerz und der echte Zynismus, mit dem man dem Reisenden die Schauplätze der Mafiamorde zeigt:

»Hier haben sie Gaetano Costa erschossen. Armer Kerl.«

Der Ausdruck *armer Kerl* soll den Kummer verdeutlichen, den das Verbrechen auch noch mit dem Abstand so vieler Jahre verursacht. Dabei zeigt der Fremdenführer nicht nur aus Mitleid auf den Gehweg der Via Cavour, sondern auch um die Reaktion des Gastes zu testen: ob es nämlich überhaupt eine gibt und welcher Art sie ist. Er versucht herauszufinden, wie weit er dieses Todesgedenken treiben darf und ob der Tourist seinen Gedankengängen folgen kann. Ob er ein ausreichend ironisches und elastisches Verhältnis zum Tod hat und folglich in der Bürgergemeinschaft der Stadt akzeptiert werden kann.

Das augenfälligste Beispiel für dieses Verhältnis zum Tod und dafür, wie es sich im Laufe der Zeit verändert, hat mit den Kindern zu tun. Zu einem feststehenden Termin – so sieht es die Tradition vor – bekommen die Kinder der Stadt Besuch von den Toten. Für die Kinder ist das eine schaurige Nacht, immer die gleiche, Jahr für Jahr. Die Nacht vom 1. zum 2. November. Das Ganze kommt auch keineswegs überraschend. Man weiß es, man spricht tagelang darüber, und unterdessen wächst die Angst. Die Angst und auch die Erwartung, denn die Toten bringen Geschenke. Auf diese Weise begehen die Bewohner der Stadt nämlich Allerseelen. Die alten Toten kommen, um den jungen Lebenden Geschenke zu bringen. Die Befana, jene alte Frau, die am Vorabend des Dreikönigsfestes die Kinder beschert, war in diesen Breiten nie populär, und auch der Weihnachtsmann hatte Mühe, sich gegen die Konkurrenz in Gestalt einer Unzahl von Verblichenen durchzusetzen, die sich als Wiedergänger im spezifischen Umfeld ihrer Ex-Familie in Erinnerung bringen.

Die Eltern spielen die Vermittler, weil zwar die Toten die Geschenke bringen, zuvor jedoch mit Mama und Papa noch wegen diverser Streiche um den Rabatt gefeilscht werden muss. Ist man zu einer Einigung gelangt, gilt es, die schlimmste aller Mutproben zu bestehen. Am Abend des 1. November gehen die Kinder voller Angst ins Bett und können nicht einschlafen. Und je weniger sie einschlafen können, umso mehr wächst die Angst. In Sachen Hartnäckigkeit ist dies ein ausgewogener Kampf, wenn auch genau entgegengesetzt zu dem, der an allen anderen Abenden des Jahres ausgetragen wird, wenn es darum geht, den Moment, in dem sie die Augen schließen müssen, möglichst lange hinauszuzögern. Die Nacht vom 1. zum 2. November ist ein Sonderfall, die Kinder müssen zusehen, dass sie so rasch wie möglich einschlafen. Sie täuschen schon früh am Abend eine ostentative Müdigkeit vor, um ins Bett gebracht zu werden. Sind sie dann unter der Decke, ist natürlich nichts zu machen, sie können partout nicht einschlafen. Es ist genauso, wie wenn man einen Topf anschaut und darauf wartet, dass das Wasser kocht. Einem Sprichwort hier auf der Insel zufolge genügt ein erwartungsvoller Blick, um das Sieden zu verhindern. Die Kinder haben das Problem, einschlafen zu müssen, bevor die Toten kommen. Und das scheint ein Ding der Unmöglichkeit zu sein, denn während des Hin und Her zwischen Schlafen und Wachen kommen ihnen Gedanken wie etwa: Wie die wohl sind, diese sagenhaften Toten? Sind sie so, wie sie als Lebende waren, nur ein bisschen blass vielleicht, oder haben sie ein Laken über dem Kopf? Oder sehen sie übermäßig realistisch aus? In dem Fall sind die Toten älteren Datums dann wahrscheinlich Gerippe. Aber der im letzten Jahr verstorbene Großvater hat bestimmt noch ein paar Fleischfetzen auf den Knochen. Wenn er mich wach antrifft, wird es unangenehm. Warum nur kann ich nicht einschlafen?

Notfalls, denkt das Kind, kann ich, wenn Großvater kommt und ich noch wach bin, die Augen zukneifen. Aber werde ich es aushalten, sie nicht wenigstens für den Bruchteil einer Sekunde zu öffnen, nur ganz kurz, um zu sehen, was inzwischen aus ihm geworden ist? Und wenn er merkt, dass ich mich verstelle? Tote merken so etwas. Wie stehe ich dann da?

Die Erwachsenen haben das Kind mit einem Lächeln zu Bett gebracht. Für sie scheint das alles harmlos zu sein: Du wirst sehen, heute Nacht bringt Großvater dir ein schönes Geschenk. Doch dieses Lächeln ist wertlos, es ist wie das, welches immer vor der Spritze beim Arzt kommt. Sie lächeln und machen dir was vor, während sie das eigentliche Problem umgehen: Was ist in der Zwischenzeit aus Großvater geworden?

Diese Kluft entsteht dadurch, dass die Kinder von heute einer Generation angehören, die zwischen der Tradition von Allerseelen und der forcierten Modernisierung steht, die uns das Fernsehen beschert hat. Die Eltern reden leichthin von *den Toten*, während sich die Kinder die Zombies vorstellen, die sie auf dem Bildschirm gesehen haben. Die modernen Kinder sind dumm dran, weil sie zwischen zwei Kulturen hin- und hergerissen sind. Bei ihnen rufen die Toten sowohl Dankbarkeit als auch Entsetzen hervor. Wer hat nun recht? Papa und Mama oder das Fernsehen? Aus dieser Schizophrenie ergibt sich die frohe Bangigkeit, die sie in jener Nacht ergreift. Bangigkeit ja, aber eine frohe. Denn dann kommt trotz allem der Schlaf, und am folgenden Tag ist irgendwo ein Geschenk versteckt, das man suchen muss. Das Geschenk ist ein Trost, natürlich. Doch wer hat es gebracht? Der Großvater oder ein von Würmern wimmelndes Skelett? Oder waren es doch die Eltern, wie irgendein gewitzterer Freund bereits vermutet und herumposaunt?

Wenn man es recht bedenkt, passt der Gedanke, der dem Allerseelenfest zugrunde liegt, nicht zur westlichen Trauerkultur. Was gibt es am Tod schon zu feiern? Welche Freude beim Gedenken an die Verstorbenen? Trotzdem wird das in der Stadt so gemacht. Vielleicht gibt es nur bei den Einwohnern Mexikos einen vergleichbar ausgeprägten exzentrischen Totenkult. Oder möglicherweise auch in der Selbstverständlichkeit, mit der in Kairos »Stadt der Toten« dreihunderttausend Menschen auf einem riesigen Friedhof wohnen.

Die Bekundungen streng eingehaltener, noch frischer Trauer sind hier stets melodramatisch und dick aufgetragen, wie es das südländische Klischee erwarten lässt. Doch sobald die Trauer nachlässt, tritt ein Hang zu schwarzem Humor zutage. Man reißt Witze über die Toten, um den Tod selbst fernzuhalten. Nicht umsonst hat Rosalia, die Schutzpatronin der Stadt, einen Totenkopf in der Hand, ein wahres Memento mori für die gesamte Glaubensgemeinschaft. Und nicht umsonst sind die Kapuzinerkatakomben, die sicherlich zum kollektiven Imaginären der Stadt gehören, eine Station auf der obligatorischen Rundfahrt, die die Stadtbewohner dem Gast in dem Bemühen auferlegen, ihn zu erschrecken. Noch im letzten Jahrhundert konnte es einem geschehen, dass man nach seinem Tod an die Wand gehängt wurde wie ein Bild. Bis heute werden Hunderte von Toten so in den Kapuzinerkatakomben aufbewahrt, wohin man den ausländischen Besucher nur aus einem Bedürfnis führt: *épater les touristes*. Einem solchen für die Insel typischen sadistischen Vergnügen begegnet man auch in Tomasi di Lampedusas *Leopard*, wo der junge Neffe des Fürsten dem Piemontesen Chevalley lang und breit von den Grausamkeiten erzählt, die die Straßenräuber der Insel gewöhnlich an den von ihnen entführten Opfern verübten – bevorzugt Menschen vom Festland, wie auch Chevalley einer war –, falls die Angehörigen versuchten, die Bezahlung des Lösegelds hinauszuzögern.

Eine Form des latenten Sadismus ist auch in der Gastronomie verbreitet, wo man die Touristen nötigt, gewisse Spezialitäten wie *musso*, *frìttola*, *stigghiòla* oder Milz zu probieren. Das sind minderwertige Fleischteile (wir kommen auf sie zurück), die normalerweise weggeworfen werden. Eigentlich ist es gar kein Fleisch, es ist nur die Illusion von Fleisch mit erschreckend viel Fett, eine karnevaleske Zurschaustellung toten Fleisches. Was den Reisenden anzieht und abstößt, wenn er auf den Markt geht, ist die Zurschaustellung von Köpfen junger Ziegen, von gehäuteten, aufgehängten kleinen Tieren, von Reihen von Rinderzungen, die wie ein Wappenschild der Metzgereien präsentiert werden, oder vielmehr: der Fleischereien, der *carnezzerie*, wie sie hierzulande genannt werden. Auch in den Kapuzinerkatakomben wird totes Fleisch ausgestellt, dramatisch präsentiert und ins Groteske gezogen. Dieser Ort wäre grauenerregend, wenn er nicht so über die Maßen impertinent wäre. Und es ist auch die schiere Masse, die dem Ganzen die Dramatik nimmt. Sich plötzlich mit einer Mumie konfrontiert zu sehen könnte Panik auslösen, doch viele Mumien in einer Reihe verwandeln sich in eine Art von Karneval.

Unter der Erde verlaufen lange Gänge, und an den Wänden dieser Gänge sieht man die Toten. Es sind entschieden mehr Gerippe als Mumien, weil viele Leichname nur notdürftig einbalsamiert wurden. Die Zellen, in denen man sie aufbewahrte, damit sie einigermaßen austrocknen konnten, sind noch erhalten. Waren sie dann Skelette oder kaum mehr als das, wurden sie wieder angezogen und an den verschiedenen Wänden aufgehängt, getrennt nach ihrer sozialen Herkunft. An einer Wand die Bürger, an einer anderen die Aristokraten, an einer die Prälaten, an einer anderen die Kinder, alle in den Kleidern, die sie zu ihren Lebzeiten getragen hatten. Um auch ja keine Lücke an der Wand zu lassen – ein vollkommenes Symptom des *horror vacui* –, wurde zu ihren Füßen jeweils ihr Sarg aufgestellt.

Später kam zu Allerseelen oder am Todestag dann die Familie, um den Verblichenen zu besuchen. In der Kapuzinergruft erschien eine Abordnung der Familie, die dort an gewöhnlichen Tagen genügend Stühle vorfand, doch am 2. November war es angesichts des Besucherstroms angeraten, sich welche von zu Hause mitzubringen. Denn es war tatsächlich üblich, bei den Toten ein Schwätzchen zu halten. Man stellte die Stühle zu Füßen des Verstorbenen auf und begann mit der Unterhaltung. Vorzugsweise ging es um die Ereignisse des seit dem letzten Besuch vergangenen Jahres:

»Ninetta hat geheiratet, Calogero hat einen kleinen Jungen bekommen, die Nachbarn sind ausgewandert …«

Ein Monolog der Lebenden, der einen halben Tag so weitergehen konnte. Es wird Verlegenheitspausen gegeben haben, wie immer, wenn einer der Gesprächspartner eher wortkarg ist. Für diesen Fall war eine eigens von zu Hause mitgebrachte Erfrischung eingeplant. Man aß, trank und plauderte und wiederholte so den *consòlo*, die gar nicht so leichte Mahlzeit, die bei den Beileidsbezeugungen gereicht wird.

Eine vergleichbare Version dieses Totenbesuchs praktiziert man auch heute noch, seit auf dem Friedhof der Kapuziner niemand mehr an die Wand gehängt wird. Am 2. November gehen die überlebenden Angehörigen auf den Friedhof und scharen sich um das Grab. Der einzige Unterschied ist die Position des Toten, der nun waagerecht und unsichtbar lagert, präsent nur noch durch den marmornen Grabstein. Nahezu unverändert sind hingegen die Gespräche, und unverändert ist auch die Stimmung der Familienmitglieder, die, von noch frischen Trauerfällen und von Fällen besonderer Anhänglichkeit abgesehen, unbeschwert ist. Der Tote war und bleibt normalerweise ein Mitglied der Familie, dem man es so angenehm wie möglich machen muss. Mehr noch: Da er ohnehin schon gezwungen ist, seine Zeit an einem so trostlosen Ort zu verbringen, muss man ihn nicht auch noch mit melancholischen Reden deprimieren. Seine Angehörigen fühlen sich daher verpflichtet, ihn aufzumuntern, zumindest einmal im Jahr.

Wie in dem von García Márquez erfundenen Macondo sind auch die Toten hier in der Stadt nur in gewisser Hinsicht tot. Sie halten Verbindung mit den Lebenden und treten in Erscheinung, wenn Urteile oder Ratschläge nötig sind. Sie mischen sich ins Familienleben ein, weil sie alles Recht und alle Erfahrung haben, um mit ihrer Meinung nicht hinter dem Berg zu halten. Dieser Kontakt wird auch über Sterbende gepflegt. Leonardo Sciascia erzählte von einem alten Verwandten, der im Sterben lag und dies auch wusste und um den sich ungeniert Angehörige und Freunde drängten, weil sie ihm Grüße an bereits entschlafene Verwandte auftragen wollten. Bei der x-ten Bitte dieser Art überkam den Sterbenden ein Anflug von Erschöpfung:

»Tut mir den Gefallen und schreibt mir das alles auf einen Zettel, sonst vergesse ich es.«

Über den Tod macht man Witze. Man lacht, um nicht zu weinen. Die meisten Geister und Gespenster, über die Legenden umgehen, sind gutmütig. Nicht wohlgesinnt sind den Lebenden nur solche Toten, die eines gewaltsamen Todes gestorben sind. Die Geister, die die Plätze und Häuser der Stadt bevölkern, werden eher von den Lebenden benutzt, um jemanden zu erschrecken, als dass sie für sich genommen schrecklich wären, ganz so wie die Straßenräuber, von denen der Neffe des Leoparden erzählte, und wie die Einbalsamierten bei den Kapuzinern. Ihrem Wesen nach sind sie eigentlich ausgesprochen sanft. Eine dieser Spukgestalten ist die junge Nonne, die im Teatro Massimo umgeht. Der Legende nach findet ihre Seele keine Ruhe, seit für den Bau des Opernhauses das hier vorher bestehende Kloster abgerissen wurde, wobei man auch ihr hundertjähriges Grab zerstörte. Man erzählt sich von rätselhaften Begebenheiten, bei denen sie der Belegschaft des Theaters verschiedentlich erschienen sei. Sie tut nichts Besonderes, sie erscheint, verschwindet, und das war es.

Ein anderer Totenkult liegt den Menschen besonders am Herzen: jener, der den Seelen der Enthaupteten gewidmet ist. Der erlebt vielleicht nur deshalb einen Rückgang, weil es seit Abschaffung der Todesstrafe schwierig geworden ist, den Bestand an Kultobjekten aufzufrischen. Bis vor Kurzem aber war eine Art Schizophrenie an dem Sadismus zu beobachten, mit dem das Volk erst zu den öffentlichen Hinrichtungen eilte und dann die Seelen genau derjenigen verehrte, die es im Augenblick ihres Todes verspottet hatte. Trotzdem ist etwas dieses schizophrenen Kultes bis in unsere Tage erhalten geblieben und hat sich sogar auf den Rest Italiens ausgebreitet, wie es mit dem Schlimmsten, das aus Sizilien kommt, häufig geschieht. Wie lässt sich sonst die Aura religiöser Verehrung erklären, die Giovanni Falcone überall und zu jedem Jahrestag erwiesen wird? Der heilige Giovanni, der vorbildlich enthauptet und post mortem von den gleichen Menschen selig gesprochen wurde, die ihn verdammt hatten, als er noch am Leben war. Dieses Thema hätte es verdient, vertieft zu werden, aber nicht an dieser Stelle. Hier reicht es zu sagen, dass man sich täuscht, wenn man annimmt, in der Stadt sei das Verhältnis zum Tod ein statisches. Es ist ganz im Gegenteil einem fortwährenden Wandel unterworfen.

Selbst das Allerseelenfest übt nicht mehr den Reiz aus, den es noch in den Siebzigerjahren hatte, vor allem in den wohlhabenderen Gesellschaftsschichten nicht. Heute wird der Tod auch für die Kinder der Stadt zu einem frühzeitigen Problem. Grund dafür ist eine kulturelle Mutation, denn das Bürgertum hat die Tradition der von den Toten gebrachten Geschenke immer mehr aufgegeben, um sich stattdessen Halloween und dem Weihnachtsmann zuzuwenden, die im Lauf der letzten dreißig Jahre an Beliebtheit ziemlich aufgeholt haben. Die Tradition des 2. November hält sich heute nur noch in volkstümlichen Kreisen, und selbst dort ist ungewiss, wie lange noch. Das ist eine grundlegende kulturelle Mutation. Früher musste man sich zeitig mit dem Tod arrangieren, im Alter von drei Jahren war man groß genug, um zu wissen, dass man früher oder später sterben würde und sich zwangsläufig damit abfinden musste. Heute kann man das Ende der Kindheit länger aufschieben.

Analog dazu sollte hier die Frage nach dem Schlaf aufgebracht werden, und besonders die nach dem kleinen Tod, dem Mittagsschlaf. Die Kinder der Stadt werden oft nach dem Mittagessen ins Bett gebracht und kämpfen wild gegen das Schlafen an, vielleicht weil sie im Nickerchen unbewusst eine Art Tod in kleinerem Maßstab erkennen.

Dazu eine kleine exemplarische Geschichte: Man erzählt sich, dass die Wissenschaftler am Hof des Stauferkaisers Friedrichs II. eines Tages darüber in Streit gerieten, was für die Verdauung besser sei: zu schlafen oder einen Spaziergang zu machen. Jeder der sogenannten Experten legte seine Theorie ausführlich dar, aber es gab keine Möglichkeit, sich zu einigen. Also ließ Friedrich, der ein pragmatischer Herrscher war, zwei Zwillinge herbeiführen, die von mittlerem Alter und bei guter Gesundheit waren. Er ließ ihnen von den besten Köchen, die ihm zur Verfügung standen, ein prächtiges Mittagessen zubereiten. Dann fragte er, ob sie gut gegessen hätten, und verabschiedete sie, indem er einen schlafen und den anderen auf einen Spaziergang schickte. Nach genau zwei Stunden, so der Befehl, solle man sich wiedertreffen. Nach Ablauf dieser Zeit kamen die Zwillinge zurück, und der Kaiser vertraute sie erst seinen Wachen an, damit diese sie vorsichtig umbringen sollten, und dann seinen Chirurgen, damit sie anhand der inneren Organe der Zwillinge feststellten, wer von beiden besser verdaut habe. Fast alle, die von diesem Experiment berichten, stimmen überein, dass der Zwilling, der geschlafen hatte, auch besser verdaut habe, an diesem Punkt der Geschichte wohl nur noch ein schwacher Trost.

Wie in einem Gutteil des globalen Südens ist die Siesta auch in unserer Stadt deutlich mehr als eine bloße Gewohnheit: Es ist die Verteidigung des Menschen sowohl gegen die Zeit als auch gegen das Klima. Bei dreißig oder vierzig Grad zu arbeiten ist eine unsinnige Sache, die jeder mit ein wenig Intelligenz begabte Mensch immer zu vermeiden suchen wird. Das ist keine Frage der Faulheit, sondern eine des Überlebens. Um den frühen Nachmittag zu überstehen, reicht ein konzentriertes Schläfchen: Eine halbe Stunde Mittagsschlaf ist so viel wert wie zwei Stunden Nachtruhe. Die Zeit, die man dem Mittagsschlaf widmet, ist deshalb keine verlorene Lebens- oder Arbeitszeit. Im Gegenteil: Es ist veredelte Zeit von spezifischem Gewicht. In jenen Teilen der Welt, die sich ihre eigene Kultur aus Spanien abgesaugt haben, wird die Siesta mit der gleichen Liebe kultiviert, die man den guten Dingen des Lebens wie dem Rotwein, dem Brot und dem Olivenöl vorbehält: alles einfache Dinge, die guttun.

Das Mittagsschläfchen duldet keine Einschränkungen. Ein jähes Erwachen kann schlechte Laune und Kopfschmerzen verursachen, ein Kennzeichen der Siesta-Laien, also derjenigen, die sie nur gelegentlich praktizieren, im Urlaub oder sonntags. Mittags zu schlafen ist jedoch eine Aufgabe – ja, Aufgabe –, die stete Anwendung und tägliche Übung verlangt. Wenn man sie nur so ein bisschen ausübt, kann sie sich als geradezu kontraproduktiv erweisen und den Irrglauben hervorrufen, dass man Zeit verloren habe, die man besser hätte nutzen können: genau so, wie es die Kinder tun.

Viele Reisende neigen dazu, die Schlafpause nach dem Mittagessen zu versäumen, weil sie überzeugt sind, dass es besser sei, nun zwischen Museen und Sehenswürdigkeiten herumzuspazieren. Ein gravierender Irrtum: Gerade im Süden sind die Lücken wichtiger als die Fülle, die Stille mehr als die Worte, um den Geist des Ortes zu verstehen. Ganz zu schweigen davon, dass die meisten Sehenswürdigkeiten im Süden am frühen Nachmittag geschlossen sind. Wenn man bis vor einigen Jahren auf der Nummer des wichtigsten städtischen Museums anrief, um zu fragen, ob sie am frühen Nachmittag geöffnet hätten, wäre die Antwort des Sachbearbeiters am Telefon gewesen:

»Zumindest …«

Zumindest ist ein Adverb, das in Sizilien im Sinn des arabischen *Inshallah*, nur viel weltlicher gebraucht wird, um eine gewisse

Schicksalsergebenheit anzuzeigen. Es sollte *zumindest* so sein, aber das heißt nicht, dass es auch so ist.

Auch an der Mittagsschlaffront zeigt sich die Modernisierungsschlacht zwischen dem Nordwesten und dem Südosten der Welt. Eine Schlacht, in der die Stadt in vorderster Linie kämpft. Wenn ein internationaler Konzern entscheidet, in Sizilien zu investieren, ist klar, dass er seiner Belegschaft durchgehende Arbeitszeiten auferlegen wird. Oder er gesteht eine Mittagspause zu, die jedoch so knapp bemessen ist, dass sie keine Abschweifungen jenseits der Nahrungsaufnahme erlaubt. Je mehr die Stadt wächst, desto häufiger sind die Angestellten gezwungen, in den Außenbezirken zu wohnen, die nur mit einigem Zeitaufwand zu erreichen sind. Gerade die Zeit, die man ohnehin nur schwer zusammenbekommt, um eine anständige Siesta zu halten.

Bedenkt man, was auf dem Spiel steht, ist es leicht zu verstehen, dass der Kampf zwischen Moderne und Mittagsschläfchen ein aussichtsloser ist. Die Anhänger des Schlafs bilden darin eine Minderheit von Widerständlern, die sich in die Illegalität gedrängt sehen. Inzwischen wird es auch im Süden mehrheitlich als ungehörig empfunden, eine Siesta zu halten, fast so wie das Rauchen in der Öffentlichkeit. Wer Zeit hat, um am Nachmittag zu schlafen, gilt als Taugenichts. Ohne eine geeignete hemmende Gesetzgebung wird die Modernisierung auf dem Feld der Kultur weiter voranschreiten.

Auch du, lieber Reisender, solltest, da du dich nun einmal in der Stadt befindest, versuchen, in den Geist der Stadt einzutauchen – mit allem Sinn für Humor, den du imstande bist, zu heiklen Fragen wie »Sterben oder schlafen?« aufzubringen. Zwei Tätigkeiten, die schon Shakespeare vergleichbar fand – im Monolog Hamlets, der übrigens wiederum eine Figur ist, die dir ähnelt, besessen wie sie ist vom Dämon der Vergeblichkeit. Na los, atme tief durch und greife zu allen Beschwörungsformeln, die du für hilfreich hältst. Bedenke, dass sich auch auf diesem Gebiet etwas ändert und dass die moderne Zeit naht. Und sie hat es sogar ziemlich eilig.

5 Ich schaue, du schaust

Du irrst dich, täuschst dich, irrst dich, Soldat:
Ich habe dich nicht böse angesehen.
Es war nur ein dummer Blick.
Was hast du vorgestern dort getan?
Ich erwartete dich heute hier in Samarkand,
vor zwei Tagen warst du noch ewig weit weg.

Roberto Vecchioni

Was sich übrigens ebenfalls ändert, ist die Blicktechnik. Das ist auch etwas, wovor man dich warnen sollte. Nicht beunruhigen und nicht übermäßig in Sicherheit wiegen. Aber warnen. Bevor du dich endlich entschließt, dein Hotel zu verlassen, musst du wissen, dass es in der hiesigen Bevölkerung immer noch eine bestimmte Art gibt, die Welt anzublicken, die besonders von den weiblichen Reisenden oft missverstanden wird. Schon auf der Fähre zwischen Skylla und Charybdis beginnen die Missverständnisse, sobald sie nämlich bemerken, dass die Blicke der Männer sich verändert haben, dass sie aufdringlicher geworden sind. Es sind penetrante, lüsterne Blicke von der Sorte, die bei einer Frau Unbehagen verursachen. Ein Eindruck, der unter den typischen Merkmalen der Insel als besonders lästig empfunden wird, als ein Relikt der Unzivilisiertheit. Kommt das Gespräch auf die Blicke der männlichen Inselbewohner, sind die Kommentare nie schmeichelhaft. Bestenfalls wird der Missmut anschließend durch eine Reihe abschwächender Formulierungen gedämpft. Natürlich, diese Art von Blicken sei vulgär. Aber sie gehöre nun einmal zum Wesen und zur Sinnlichkeit der Inselbewohner dazu; sie werde jedoch durch ihren spekulativen Verstand ausgeglichen. Aber, aber, aber. Durch dieses Aber wird auf der Insel eine Menge mit einem Schulterzucken abgetan.

Diese ungemein störenden Blicke nannte der Schriftsteller Vitaliano Brancati *ingravidabalconi,* Balkonschwängerer, weil sie sehnlichst versuchen, hinter die Fensterläden der Häuser zu lugen und das geheime Leben auszuforschen, das sich dort abspielt. Trotzdem erliegst du, liebe Reisende, einem Missverständnis, wenn du den begehrlichen Blick als mögliches Vorspiel zu einer körperlichen Belästigung deutest. Das ist er nur in den seltensten Fällen. Traditionell wird die Frau stets auf dem Altar der Unantastbarkeit belassen. Falls du also ein weiblicher Gast bist und die Konfrontation mit der Stadt deshalb scheust, solltest du deine Meinung sofort ändern. Zwar fehlt es an Statistiken, doch auf der Insel ist Vergewaltigung kaum ein gesellschaftliches oder Gruppenphänomen, sondern meistens eher ein sporadischer Raptus, die Tat eines geistig Verwirrten, eine Veränderung des traditionellen Gleichgewichts aufgrund der negativen Einflüsse der modernen Zeit. Die Vermutung liegt zwar nahe, dass hinter verschlossenen Türen Gewalt gegen Frauen deutlich häufiger vorkommt, als die Anzahl der Strafanzeigen glauben lässt. Vergewaltigungen aber scheinen noch mehr als vom typischen lokalen Machismus vom verantwortungslosen hedonistischen Verlangen der globalen Besitzkultur angefacht zu werden. In gewisser Weise kommen sie aus der Zukunft, nicht aus der Vergangenheit. Etwas ganz anderes sind dagegen die geduldeten und häufig barbarischen Verbrechen. Doch Gewalt gegen Frauen und Kinder wird auch nach dem Kodex der Mafia üblicherweise hart bestraft. Wenngleich das abstoßend erscheinen mag, bleibt das Gesetz der Mafia doch ein zuverlässiger Gradmesser für die kulturellen Verhältnisse.

Natürlich geht der Unmut darüber, dass man sich angestarrt fühlt, über die Angst vor körperlicher Gewalt hinaus. Allen gemeinsam ist die Auffassung, dass man die eigene Privatsphäre vor fremden Blicken lieber geschützt hält. Was erlauben sich die anderen für Blicke? Wirklich: Was erlauben die sich? Jeder Blick ist ein Urteil, und jeder hat das Recht, nicht beurteilt zu werden oder sich nicht beurteilt zu fühlen. Die Blicke, die du aufgefangen hast, bevor du dich in dein Hotelzimmer zurückzogst, schienen bei dir jedoch körperlich und moralisch Maß nehmen zu wollen.

Es waren inquisitorische, bohrende Blicke. Für diese Art der Inquisition gibt es einen typischen Ausdruck:

»Zu wem gehört die/der?«

Diese Inquisition richtet sich gegen die, die man nicht kennt, deren familiäre Koordinaten insgesamt fehlen, denn der Begriff *famiglia* umfasst eine ganze Reihe verschiedener Nuancen zwischen der Kernfamilie im engeren Sinn und dem Mafiaclan im weiteren Sinn. Und dazwischen alle möglichen freundschaftlichen, politischen, religiösen, kirchengemeindlichen, schulischen und sportlichen Zugehörigkeiten. Die Frage *Zu wem gehört die/der?* wird hauptsächlich einem Dritten gestellt, der als Bürge auftritt. Man richtet sie nie direkt an den, gegen den ermittelt wird *(Zu wem gehörst du?)*, dessen Selbstauskunft für unbedeutsamer als alles andere gehalten wird. Dass man die Zugehörigkeit eines jeden kennt, ist der erste Grad des Familismus, der sich, wie laut Sciascia die Palmengrenze, von Sizilien aus Richtung Norden verschoben hat und sich noch immer ausbreitet.

Man sollte jedoch den Blick der Stadtbewohner nicht mit Bedeutung überladen, wenn Missverständnisse vermieden werden sollen. Der Eigentümer des lüsternen Blicks könnte zu seiner Rechtfertigung den Tod in Gestalt der Signora Morte aus Roberto Vecchionis Lied *Samarcanda* paraphrasieren, das hier am Kapitelanfang zitiert wird: Es ist der erstaunte Blick, der die Flucht auslöst, und es ist die Flucht, die sich in Verdammnis verwandelt, nicht der Blick an sich.

Da liegt der Hund begraben: im erstaunten Blick. Die Fähigkeit, sich über die Jahrhunderte hinweg die Technik eines erstaunten Blicks zu bewahren, hat die Verführungskunst auf der Insel zu einem beinahe anthropologischen Unikum gemacht. Ebenso wie in den arabischen Ländern konzentriert sich die Sprache der frauenbezogenen Faszination auf die Augen – den einzigen Bereich des Körpers, der aufgrund der Sittsamkeit der Bekleidung unbedeckt ist. Und selbst heute, da die Fläche des unbedeckten Körpers größer geworden ist, haben sich die Blicke der Stadt ihrem Wesen nach nicht verändert.

Der Blick verrät die geheuchelte Bestürzung darüber, ausgerechnet hier und jetzt auf ein anderes Schicksal zu treffen. Das ist nicht weiter sonderbar. Wer seine Augen offenhält, hat Hintergedanken. Doch die Fähigkeit, über so wenig in Erstaunen zu geraten, ist eine Methode, seine Augen in ständigem Training zu halten.

Jedes weibliche Missverständnis müsste durch die Feststellung abgewehrt werden, dass in der heutigen Zeit auch Frauen und junge, ja selbst kleine Mädchen solche Blicke werfen. Auch sie legen ihre Verführungsstrategie in ihren Blick. Das sind keine versteckten, flüchtigen Blicke von unten nach oben. Im Gegenteil, die Blicke der Bewohnerinnen der Stadt sind oft direkt, frech und unverhohlen herausfordernd, obwohl nie mehrdeutige Nuancen fehlen. Wenn man sie zu lesen weiß, sind die Blicke der Frauen im Vergleich zu denen der Männer nicht weniger inquisitorisch. Das Spiel verlangt Gegenseitigkeit, und vielleicht kann man diese weibliche Unternehmungslust nicht einmal als Sieg der Emanzipation betrachten. Bereits im 18. Jahrhundert beschrieb nämlich der schottische Reisende Patrick Brydone die Sinnlichkeit der Abende auf der Piazza Marina, wo in stockdunkler Nacht eine kleine Kapelle spielte. Die Stadtverwaltung vermied es, für irgendeine Form der öffentlichen Beleuchtung zu sorgen, damit sich die Damen und die Kavaliere in der beabsichtigten Finsternis in größerer Diskretion den Hof machen konnten. Brydone ließ durchblicken, dass jede vermutete Schamhaftigkeit der Stadtbewohnerinnen in der dunklen Intimität der Piazza Marina gründlich Lügen gestraft wurde. Nur damit du's weißt: Sosehr man das öffentlich auch unterm Teppich halten möchte, die erotische Spannung in der Stadt ist immer sehr groß. Nur selten gibt es dafür Anzeichen in aller Öffentlichkeit, weil Flirts und ähnliche Spiele im Verborgenen gehalten werden. Aber es gibt sie.

Gewiss, zumindest traditionell ist der Frau eine nur indirekte Verführungsrolle zugewiesen. Lange Zeit war es ein seltenes und daher hochgradig sinnliches Spiel, den Blick einer Frau aufzufangen. Das gleiche Spiel gibt es noch heute, auch wenn die Regeln sowie die Topografie der Verführung verändert scheinen. Vielleicht nicht mehr auf der Piazza Marina, aber auch heute bändelt man auf der Straße an, beim Spazierengehen. Und man tut es immer noch zur selben Zeit: Geflirtet wird samstags und sonntags. Der Hauptorte der Verführung sind für die Jugend aus kleinen Verhältnissen der Mittelstreifen der Via Belmonte oder die Piazza Politeama am Nachmittag. Oder vor dem Teatro Massimo, wo die jungen Leute in Gruppen herumstehen und unter Einhaltung jahrhundertealter Verhaltensweisen anbändeln. Nur die Blicke der Mädchen, ihr Lächeln und ihre Kleidung haben sich im Vergleich zu früher verändert.

Zwei Jungen sprechen zwei Mädchen unter einem Vorwand an. Die Mädchen beachten sie nicht und sagen kein Wort, sie schlendern einfach weiter. Doch die Jungen lassen nicht locker, und es ist klar, dass die Mädchen gar kein konkretes Ziel haben. Sie sind aus dem gleichen Grund dort wie die jungen Burschen: um zu gefallen und an jemandem Gefallen zu finden. Oder auch, um das Wort anschauen im Dialekt dreifach zu variieren: *taliàre*, *mommiàre*, *alluccàre*. Drei Verben, die alle für ein und dasselbe stehen. Nicht nur für bloßes Anschauen, sondern für eingehende Blicke voll gespanntem Verlangen. *Talè comu talìa*. Schau mal, wie der schaut. Die Blicke des Doppelpärchens werden lange Umwege nehmen, aber früher oder später an diesen Punkt zurückkommen.

Die Verführung ist dabei im Vergleich zu anderswo ein rein abstraktes Spiel, gegen das Schach materialistische Zielstrebigkeit ist. Die Spielregel sieht vor, dass auf den Blickwechsel sehr häufig wenig oder gar nichts folgt. Es gibt sogar eine eigene Bezeichnung für junge Mädchen, die eher zum Flirten als zum Äußersten bereit sind: *profumiere*, Parfümverkäuferin. Denn sie ordnen dem Geruchssinn alle anderen Sinne unter, den Sehsinn, doch vor allem den Tastsinn. Sie lassen ihren Duft ahnen, klimpern vielleicht auch mit den Wimpern, berühren jedoch niemanden und lassen sich nicht berühren. Dennoch gibt es eine Befriedigung, die in dem Vergnügen am Spiel an sich liegt. Fleischeslust ist wichtig, Gott bewahre, ja; doch sie ist zweitrangig. So wie der angehende Verlierer beim Schach den König umstößt, um der ausdrücklichen Schmach des Matts zu entgehen, ziehen es die Inselbewohner in ihrer Abartigkeit vor, einen Augenblick vorher aufzuhören, um der Banalität – hier des bis zum Ende geführten Liebesspiels – zu entgehen.

All diese Reden wären zwecklos, wenn sie nicht auf der Annahme beruhten, dass die Blicke der Stadt irgendwie anders seien als andere. Sie könnten höchstens noch Ähnlichkeit mit den Blicken haben, die den Süden der Welt bevölkern. Einen Süden, der ebenso gut Osten oder Westen heißen könnte, solange er nur als Randzone der großen Hauptstädte und der großen Hauptstadt in Erscheinung tritt. Die Blicke der Randzone der Welt haben diese Eigenart: Es gibt sie, und man muss mit ihnen rechnen.

Um den Bereich der Verführung zu verlassen, ziehen wir einen Vergleich heran. Stellen wir uns vor, ein Verrückter besteigt ein öffentliches Verkehrsmittel: zum Beispiel hier in der Stadt und in Paris. Nehmen wir an, der Verrückte steigt in Paris in einen U-Bahn-Waggon. Einer von diesen Herren, die vor sich hinbrabbeln und sofort alle Anzeichen des Wahnsinns erkennen lassen. Seine Anwesenheit in einem öffentlichen Verkehrsmittel der Stadt würde eine Reihe von Reaktionen zwischen Spott und Mitleid auslösen, nicht so in der Pariser Metro. Zwecklos, in den Augen der Leute, die im selben Wagen fahren, nach solchen Reaktionen zu suchen. Es gibt sie nicht. Keine Reaktion, nichts. Man hat ihn nicht bemerkt. Nicht dass man so täte, als sähe man ihn nicht. Man sieht ihn wirklich nicht. Für den typischen Vertreter einer multisozialen und multikulturellen Bevölkerung, der sich in dem Moment in einem Waggon der Pariser Metro befindet, existiert der vor sich hinbrabbelnde Mann nicht. Als geriete er gar nicht ins Blickfeld der Leute. Natürlich kann der Mann auf diese Weise, also ohne die morbide Aufmerksamkeit der Anwesenden, ungestört tun, was er will, aber ist denn gesagt, dass das besser so ist? Sind wir sicher, dass Toleranz und Unsichtbarkeit zusammengehören müssen?

In dieser Hinsicht sind die Blicke der Stadt – die eigentlich keine richtige Großstadt ist, denn sie ist fast schon provinziell – eine Garantie dafür, dass man am Leben ist. Wenn man hier jemandem auf der Straße begegnet, besteht zumindest die entfernte Möglichkeit, dass es ein Bekannter ist. In der Provinz schaut man sich an, um zu sehen, ob man sich nicht zufällig kennt. Oft ist das nicht der Fall, doch ein Blick, wenigstens ein Blick, wird niemandem verwehrt. Der erste Blick ist immerhin ein Kontakt, und er kann tausend Folgen haben oder gar keine. Doch er ist zunächst einmal da. Und zwei Blicke, die sich kreuzen, versäumen es nie, sich gegenseitig die Geschichten zu verheißen, die sie sich zu erzählen haben. In einer Großstadt dagegen gleiten die Blicke ab und halten nie inne. Es ist kaum anzunehmen, dass man jemanden kennt, den man zufällig trifft, deshalb ist es unnütz, ihn anzuschauen. Deshalb schaut man nicht hin. Man schaut nie hin.

Die Blicke der Stadt hingegen verraten stets einen Mangel an Gleichgültigkeit, was grausam oder zärtlich sein kann, je nachdem. Doch etwas verraten sie immer. Schwierig wird es erst, wenn man diese ganze Blicktheorie jemandem erklären soll, der aus dem Norden der Welt kommt, aus dem Zentrum, aus einer der Hauptstädte. Zu den Unannehmlichkeiten, *in partibus infidelium* zu leben, gehört die resignierte Beobachtung der Invasion der Berichterstatter. Die Journalisten der großen Zeitungen treffen für gewöhnlich unmittelbar nach einem Verbrechen oder unmittelbar vor einer Wahl ein. Oder auch, wenn sie über ein mutmaßliches Wiederaufblühen oder über einen mutmaßlichen Niedergang berichten sollen. Der Berichterstatter kommt, schnüffelt herum, sieht sich überall um, sammelt eine Reihe von zweifelhaften »Eindrücken«, reist wieder ab und erfüllt die ihm aufgetragene Aufgabe. Später liest man den Artikel in der Stadt mit einer Mischung aus Bangen (vorher) und Enttäuschung (nachher). Mit Bangen von der Sorte: Wollen-mal-sehen-was-der-diesmal-geschrieben-hat. Enttäuschung von der Sorte: Aber-wir-sind-doch-viel-komplizierter.

Die Bewohner der Stadt hegen die Überzeugung, extrem kompliziert zu sein. Sie fühlen sich durch die sie betreffenden Vereinfachungen beleidigt. Trotzdem lässt sich immer etwas dazulernen, wenn jemand von außen kommt und die Verhältnisse mit neuen Augen sieht. Neue Augen sehen gelegentlich Dinge, die zu sehen wir gewöhnt sind, also eigentlich gar nicht mehr sehen. Es kommt manchmal vor, dass ein Gast bei uns zu Hause ankommt und dir direkt sagt:

»Du hast Blumenkohl gekocht.«

Das ist nicht unbedingt eine Kritik. Eher eine Feststellung. Doch in dir bleibt ein schlechtes Gefühl zurück, weil du tatsächlich vor ein paar Tagen Pasta mit Brokkoli gekocht hast. (So nennt man in der Stadt Blumenkohl, frag nicht, warum: einfach aus der Versessenheit heraus, die Namen der Dinge zu ändern.) Du dachtest, du hättest deine Wohnung ausreichend gelüftet. Aber nein: Ein frischer Geruchssinn spürt viel einfacher die Gerüche auf, die du nicht mehr riechen kannst, weil du sie ständig in der Nase hast. In solchen Fällen gibt es wenig, worüber man sich aufregen müsste, und vieles, was man lernen kann, wenigstens theoretisch.

Es gibt eine verlegene Empfindlichkeit, die die Bewohner der Insel und die Juden verbindet – zwei Gruppen, die aus Selbstvorwürfen einen ständigen kollektiven Wesenszug gemacht haben. Wenn man es jedoch recht bedenkt, wissen die Inselbewohner genau, woher ihr schlechtes Gewissen rührt: Sie fühlen sich vor der Welt schuldig, weil sich von ihrer Insel aus die Mafia wie eine Seuche überall auf der Welt verbreitet hat. Die Inselbewohner, auch die anständigen, haben in ihrem tiefsten Innern das Gefühl, zu einem Geschlecht von Brunnenvergiftern zu gehören. Sie sind sogar bereit, das zuzugeben, ja sie sind die ersten, die denkbar schlecht über ihre Stadt reden, genauso wie viele Juden denkbar schlecht über sich reden. Gleichzeitig jedoch dulden sie es nicht, wenn andere schlecht über sie reden. Obgleich sie sich nicht auf gleicher Stufe mit dem Rest der Welt fühlen, halten sie die Welt nicht für ebenbürtig. Manch einer verhält sich mit Absicht so. Berücksichtige das, falls du in eine Konversation mit einem Einheimischen gerätst. Wahrscheinlich wird er anfangen, schlecht über seine Stadt zu reden. Denkbar schlecht. Doch sei auf der Hut, das ist eine Falle. Solltest du den Fehler begehen, den von deinem Gesprächspartner verkündeten Ansichten zuzustimmen, bist du hereingefallen. Wenn du antwortest: Du hast recht, die Stadt ist wirklich so grässlich, wie du sagst, wird er tödlich beleidigt sein – »Was fällt dir ein, so von unserer wunderschönen Stadt zu reden?« Wenn du deine guten Beziehungen erhalten willst, zeige stattdessen lieber, dass du anderer Meinung bist. Sag ihm, dass er übertreibt, dass du die Stadt wunderbar findest. Das ist die Antwort, die er von dir erwartet. Die Spielregel sieht vor, dass du ihm an dieser Stelle des Drehbuchs widersprichst und so einen vorgetäuschten, völlig selbstzweckhaften Aushandlungsprozess in Gang setzt.

Man ist der Ansicht, dass Ortsfremde bestimmte Feinheiten einfach nicht verstehen können. Wie die Juden denken auch die Inselbewohner gemeinhin, ihre Kultur sei komplizierter als alle anderen. Vielleicht besser, vielleicht schlechter, doch mit Sicherheit komplizierter und extremer. In Wahrheit ist das nicht so: *Wir glauben nur*, komplizierter zu sein. Das wiederum kompliziert die Dinge ungemein. Und damit sind wir wieder am Ausgangspunkt.

Gerade um Komplikationen zu vermeiden, bieten die Einheimischen zuweilen an, die Berichterstatter der großen Zeitungen auf ihren Streifzügen durch die Stadt zu begleiten. Man tut das einerseits ein bisschen aus Höflichkeit, andererseits ein bisschen aus Eitelkeit, weil man dann im Artikel zitiert wird, vor allem aber in der Hoffnung, den Schaden begrenzen zu können. Häufig gehört zum Streifzug auch die Rast in einem der In-Lokale, in denen sich die bürgerliche Stadtjugend der letzten und vorletzten Generation trifft und Blicke austauscht.

Zwischen zwei Drinks kommt man mühelos auf die Gesichter der Gäste zu sprechen. Und mühelos notiert der Berichterstatter, dass diese Gesichter große Ähnlichkeit mit denen der Jugendlichen aus dem römischen Edelviertel Parioli oder von der Mailänder Piazza San Babila haben, ja praktisch nicht von ihnen zu unterscheiden sind. Geschafft: Das Funkeln in den Augen des Journalisten signalisiert, dass er seine Neuigkeit gefunden hat, und nichts kann ihn nun mehr davon abbringen. Übrigens handelt es sich tatsächlich um eine Neuigkeit. Die Gesichter haben sich verändert, sie verändern sich noch. Die klassischen Alten mit ihren markanten Gesichtern, auf denen sich die Last jahrhundertealter erduldeter und noch zu erduldender Gewalt naturgetreu widerspiegelt, sie verschwinden. In den unzähligen Kneipen und Bars, die den Anschein mondäner Lebhaftigkeit erwecken, begegnet man nun auf Schritt und Tritt einem Gesichtstyp, auf dem Sonnenbräune und Hautkrebs unbekümmert dicht beieinanderliegen.

Zwecklos, dem Berichterstatter zu erklären, dass dies kein Fortschritt, sondern das eigentliche Problem ist. Dass die Gesichter der Jugendlichen der Stadt genauso aussehen wie die in Rom oder Mailand, bedeutet nur, dass in einem Bereich irgendwo zwischen Genetik und Kulturanthropologie gravierende Dinge vor sich gehen. Wenn schon bezweifelt werden darf, dass es wünschenswert ist, wie ein anderer und erst recht wie bestimmte andere auszusehen, ist es garantiert ganz und gar nicht befriedigend, eine solche Ähnlichkeit in Bezug auf das anvisierte Vorbild mit einer Verspätung von mehreren Jahren zu erlangen. Doch das ist typisch für den Provinzialismus: eine Mode zu übernehmen, wenn ihre Zeit längst vorüber ist. Ist das kulturelle Lebensmodell, das im heutigen Italien vorherrscht, denn erstrebenswert? Muss man ihm sein Gesicht wirklich anpassen? Und was hat das für einen Sinn, wenn das Modell doch schon wieder veraltet ist?

Blicke sind wichtig, Gesichter sind wichtig. Die Gesichter der Stadt können Geschichten erzählen, die ganz anders sind als die Geschichten, die von den Gesichtern jeder beliebigen anderen Stadt in der Welt erzählt werden. Nicht unbedingt besser, nicht unbedingt schlechter: anders. Die Vereinheitlichung der Gesichter und der Blicke ist eine Gefahr, der die Stadt derzeit unterliegt, doch es ist nicht gesagt, dass sie auch der notwendige Preis für die Erlangung von Modernität ist. Ein glücklicher Kompromiss wäre durchaus zu erreichen.

So wurden zum Beispiel innerhalb weniger Jahre mehrere McDonald's-Restaurants eröffnet. Solche Filialen sind stets ein interessantes Indiz für den Grad der Anpassung an die globale Vereinheitlichung. Auf einem bestimmten Niveau der Unterentwicklung sind sie sogar ein Trost. Sie garantieren das Erreichen eines internationalen Standards an Sicherheit und Stabilität. Von einem bestimmten Niveau der Unterentwicklung an rufen sie jedoch Besorgnis hervor. Die Filialen in der Stadt sind stets gut besucht, und die Annahme, dass noch weitere eröffnet werden, liegt nahe. Doch gerade diese Annahme wurde in den letzten Jahren zugunsten der Stadt widerlegt. McDonald's hat die Tradition der Straßenlokale nicht ausgelöscht, die hat stattdessen einen großen Aufschwung erlebt mit ihren endlosen neueröffneten Lokalen, besonders entlang der Fußgängerzonen in der Via Maqueda und auf dem Corso Vittorio Emanuele. Manchmal bekommt man den Eindruck, dass es inzwischen zu viele dieser Läden gibt, um noch eine wenigstens ausreichende Qualität zu garantieren. Doch hier muss man feststellen, dass diese Stadt einer der wenigen Orte auf der Welt ist, an dem jeder und jedem gastronomisch eine echte Wahl gelassen wird zwischen Tradition und Kolonisierung, zwischen *pane e panelle* (Brötchen mit Fladen aus Kichererbsenmehl) und Cheeseburger. Letztlich handelt es sich in beiden Fällen um *fast food*, und der Cholesterinwert läuft für den Kunden wohl mehr oder weniger aufs Gleiche hinaus. Doch weil der Cheeseburger eine besitzergreifende Art hat, die *pane e panelle* nicht eignet, sollte der Umstand, dass die beiden Optionen problemlos koexistieren können, mit Genugtuung begrüßt werden, wenigstens solange dieser Zustand andauert.

Solange das andauert: weil nichts endgültig ist in einer Stadt, in der jedes Urteil in der Schwebe und anfechtbar gehalten werden muss. Von diesem Schwebezustand zeugen die Gesichter und die Blicke ihrer Bewohner. Besonders die der Jüngeren oder der Jugend. Man versucht, dem Berichterstatter solche Feinheiten nahezubringen. Und der Korrespondent scheint am Ende überzeugt zu sein. Er scheint wirklich überzeugt zu sein. Zu Hause schreibt und veröffentlicht er dann fünf Manuskriptseiten, auf denen ungefähr Folgendes steht: Wie schön, die Gesichter der jungen Leute in der Stadt sehen genauso aus wie die der jungen Leute in Mailand.

6 Iss, iss, und dir wird es besser gehen

Wenn ich anrufe und sage: »Mama, ich komme morgen mit dem Flugzeug«, dann fragt sie nicht: »Um wie viel Uhr?« Sie fragt mich: »Was willst du essen?«

Teresa Mannino

Alles bisher Gesagte wurde in der Überzeugung gesagt, dass zur Landschaft einer Stadt Liebe und Tod, Blicke und Gesichter gehören. Doch bevor man sich ihrer baulichen Struktur und den eigentlichen Monumenten zuwendet, gehört zur Landschaft einer Stadt vieles andere dazu, zum Beispiel Gerüche und Geschmacksempfindungen. Natürlich kann man Museen besuchen. Man kann auch Kirchen besichtigen. Aber um dir einen Eindruck von der Stadt zu verschaffen, musst du auf einen Markt gehen oder wenigstens in eine Imbissbude.

Diese Regel gilt für jede Stadt der Welt, doch hier umso mehr, weil die Stadt einen Hang dazu hat, sich besonders aromatisch und schmackhaft zu präsentieren. Sie kehrt diese Seite gern öffentlich heraus. Das geht so weit, dass mitunter der Eindruck entsteht, manche Ecken des Markts seien in Szene gesetzt, um noch pittoresker auszusehen, als sie ohnehin schon sind. Als würde man sich der kollektiven Vorstellung anpassen und zur Postkarte seiner selbst werden.

Du wirst mittlerweile wissen, dass du, selbst wenn du aus deinem Hotel herauskommst, lediglich fragmentarische Kenntnisse dieses einen Katzensprung entfernten gastronomischen Kontinents erlangen wirst. Über die berühmtesten Gerichte und Düfte hinaus gibt es Gerüche und Geschmacksrichtungen, die dir unbekannt bleiben werden. Es gibt eine gastronomische Seite der Stadt, die sich der Öffentlichkeit zeigt, und eine andere verborgenere, die sich verhüllt, die du mit größerer Mühe zu erobern versuchen müsstest. Am besten wäre es, es gelänge dir, ins Herz einer Familie vorzudringen, also in das einer Familienmutter, und sie zu überzeugen, dass sie dich zum Mittagessen einlädt. So eine Einladung ist unbezahlbar. Du kannst nur in einem Privathaushalt die frittierten winzigen Fische verspeisen, die in den Restaurants nicht angeboten werden oder zumindest nicht angeboten werden sollten, weil das Fangen junger Fische verboten ist. Trotzdem ist das jenseits solcher Formalitäten eine Speise, die an manchen Tafeln wie in Raserei vertilgt wird – Ausdruck einer hedonistischen Mentalität, die stets das Ei von heute dem Huhn von morgen vorziehen wird.

Nur dank einer solchen privaten Einladung kannst du auch die Speise kennenlernen, die nach Inhalt und Form das Kultgericht der häuslichen Gastronomie ist, den *brociolone*. Es hat keinen Sinn, hier den Kochbüchern vertrauen zu wollen, weil die Zubereitungsart des *brociolone* variantenreich ist und eher dem Gang mit einer Wünschelrute gleicht. Grob gesagt, handelt es sich um einen Braten, doch eine konkrete Kochanleitung existiert nicht, weil jede Hausfrau ihn nach eigenem Gutdünken zubereitet. In manchen Familien besteht er aus einem Stück Fleisch, in anderen aus einem Klumpen Hackfleisch, je nachdem. Die Füllung enthält einige feststehende Zutaten, die von Familie zu Familie aber variieren, sowie weitere veränderliche Größen auf Basis dessen, was von den vorangegangenen Tagen in der Küche übrig ist: hartgekochte Eier, Käse, Schinken und so weiter. Auch die Beilagen wechseln jedes Mal. Die Hauptvarianten sind Erbsen, Kartoffeln oder Tomatensoße. Andere Privatgerichte neben dem *brociolone* sind Pasta mit sautierten Brokkoli (mit Pinienkernen, Rosinen und Safran), Pasta *coll'anciòva e muddìca* (Anchovis und geröstete Semmelbrösel), Thunfischragout und das *frittella di fave* genannte Ackerbohnen-Gericht, die nur selten im Restaurant zu finden sind. Im familiären Gastronomie-Universum gibt es auch *pasta con sarde a mare*, also Pasta mit Sardinen im Meer, ein Beispiel für eine sehr arme Küche, verglichen mit der ohnehin schon armen Küche, in der eine einfache Zutat wie Sardinen benutzt wird. Der Armut wird mit Ironie begegnet: Im Meer sind die Sardinen noch, weil auf dem Teller unsichtbar, und unsichtbar, weil außerhalb der finanziellen Reichweite. Das ist nur ein Beispiel für die Lebensweise, in der der Not mit Ironie begegnet wird und die sich im regionalen Panorama als eigenständig erweist. Wenn sich der Baron in der Beletage die unter dem Namen *beccafichi* (Gartengrasmücke) bekannten Vögelchen kochen ließ, bereiteten sich die Bediensteten gefüllte Sardinen *a beccafico* zu, die in der Backform so angeordnet werden, dass sie den zweigeteilten Schwanz des Vogels nachahmen. Oder wenn der Fürst Wachteln bestellte, wurden im unteren Stockwerk auf die gleiche Weise gebratene Auberginen zubereitet, die ebenfalls *quaglie* (Wachteln) genannt wurden und bis heute werden. Im Hinterland, in der Region Polizzi, wird zu wichtigen Anlässen immer noch das sogenannte *coniglio* (Kaninchen) kredenzt, was eine sehr gemüsereiche Speise voller verschiedener Zutaten ist, unter denen nur eine fehlt: das Kaninchen selbst.

Das Repertoire an öffentlichen Geschmacksrichtungen ist im Verhältnis zu den privaten viel umfangreicher und allen zugänglich. Geschmacksrichtungen, die über die Grenzen des Privaten hinausströmen und die Straßen in Form einer Vielzahl von Verkaufsständen und Geschäften überschwemmen, die unter Hygiene- und Ernährungsgesichtspunkten mindestens fragwürdig sind. Wenn man will, lässt sich an jeder dieser Geschmacksproben ein typischer Wesenszug der Stadt erkennen. Komm schon, geh raus. Lass dich verführen. Probiere aus. Vielleicht nur, um kurz einen Kaffee zu trinken. Womöglich genügt das ja, um den Bann zu brechen, der dich im Hotel gefangen hält. Ein Kaffee ist die Ausrede par excellence. Du weißt, dass der Kaffee in Süditalien eine große gemeinschaftsstiftende Bedeutung hat. Es gibt hier einen wahren Kaffeekult, der sich jedoch wesentlich von dem neapolitanischen unterscheidet. In Neapel ist das Kaffeetrinken eine fröhlich nach außen gelebte Zeremonie, in unserer Stadt ähnelt es einer rituellen Bußübung. Hier trinkt man Kaffee, weil es sein muss, und selbst wenn es eine Arbeitspause ist, handelt es sich doch um eine notwendige Pause. Wir sagen: *Ich muss einen Kaffee trinken*. Dieser Satz verdeutlicht den Zwang, dem man unterliegt, als ob der Kaffee die unentbehrliche Dosis für einen Drogensüchtigen wäre. Diese Unterscheidung ist wichtig und hilft, die Ungleichheit zweier Städte zu verstehen, die oft und zu Unrecht in einen Topf geworfen werden. Denn so, wie sich Neapel nach außen wendet, so wendet sich unsere Stadt nach innen. Nehmen wir ein Beispiel: In den Kirchen der Stadt beten alle – beziehungsweise überwiegend die Frauen, weil die Männer nur sonntags in die Kirche gehen – in einer kauernden Haltung, die schon für sich ein Akt der Buße ist. In Neapel dagegen verharren Männer und Frauen würdevoll kniend oder auch stehend vor den Heiligenstatuen, mit weit geöffneten Armen und nach oben gerichteten Handflächen, sodass sie möglichst mit der gesamten Körperfläche eine Antenne für den besseren Empfang der göttlichen Gnade bilden. Schon in dieser Verhaltensweise lassen sich einander entgegengesetzte charakterliche Dispositionen erkennen.

Doch zurück zu deinem Besuch in der Kaffeebar: Du musst wissen, dass der Kaffee in der Stadt als Konzentrat behandelt wird. Die Menge in der Tasse darf einen Fingerbreit nicht übersteigen, und noch besser ist es, wenn es sich dabei um den kleinen Finger handelt. Wenn der Gast keine näheren Angaben macht – und oft selbst dann, wenn er nähere Angaben macht –, erscheint ein hochdosierter Adrenalinextrakt auf dem Tresen. Die kanonische Konzentriertheit schließt nicht aus, dass der Gast nicht auch seinen persönlichen Wünschen freien Lauf lassen darf. Der Kaffee kann nämlich folgendermaßen serviert werden: noch stärker (!), gestreckt, heiß, kalt, kalt mit granuliertem Eis, kalt ohne Zucker, mit Alkohol, mit wenig Milch, mit wenig heißer Milch, mit wenig kalter Milch, mit wenig Milch extra, ohne Koffein, als Ginseng, mit Süßstoff, mit Rohrzucker, als Cappuccino, als Cappuccino mit Kaffee extra, als heißer Milchkaffee, als kalter Milchkaffee, in einer großen Tasse, in einer Plastiktasse, in der Flasche zum Mitnehmen und mit Zucker, in der Flasche zum Mitnehmen ohne Zucker und *ad libitum* in vielen anderen Varianten. Wie schon Enzensberger sagte, steht dieser offensichtlichen, übrigens typisch italienischen Wunschfreiheit eine grundlegende Vereinheitlichung des Geschmacks gegenüber. Der Barista wird nämlich unabhängig von der Bestellung in jedem Fall das servieren, was ihm in Bezug auf Temperatur, Menge und Geschmack am meisten zusagt.

Jeder Bewohner der Stadt hat seinen Lieblingskaffee und ein

Lokal, wo er ihm genauso zubereitet wird, wie er, und nur er, ihn mag. Normalerweise wird der Kaffee in extrem heißen Tassen serviert. Um sicherzugehen, dass sich der Gast auch wirklich die Lippen verbrennt, lässt man die Tasse auf der Maschine stehen, bis sie glüht. Erst nach mehreren Stunden der Behandlung gilt die Tasse als einsatzfähig. Hat der Gast den ersten Schock überwunden, kann er darum bitten, dass seine Tasse ausgetauscht wird, und der Barista kann dem nachkommen, gern oder nicht so gern, er wird die neue Tasse allerdings unter fließendes Wasser halten, um sie abzukühlen. Währenddessen wird er eine äußerst arrogante Miene aufsetzen, als wollte er sagen: Was muss man hier nicht alles tun und erleben! Selbstverständlich wird der Gast von diesem Augenblick an nicht länger Gegenstand seiner Wertschätzung sein.

Auch deshalb, also um es sich mit dem Barista nicht zu verscherzen, protestiert der Gast in der Regel nicht und gibt sich mit der glühend heißen Tasse zufrieden. Deshalb und weil die glühend heiße Tasse eine Metapher für einen gewissen Sadomasochismus ist, der die Bewohner der Stadt in ihren Beziehungen zum Rest der Welt kennzeichnet.

Eine ganz andere Geschmacksrubrik sind die *stigghiòla*. Unter *stigghiòla* (in der unveränderlichen weiblichen Pluralform) versteht man die Gedärme von Lamm oder Kalb, notdürftig entleert und dann gefüllt. Erlesener ist die Ziegenvariation. *Stigghiòla* werden an Verkaufsständen an strategisch günstigen Orten der Stadt angeboten, immer auf der Straße und unter zweifelhaften hygienischen Bedingungen. Übrigens legen die Kenner größeren Wert auf den Geschmack der Ware als auf einwandfreie Hygiene, die manch einer geradezu für kontraproduktiv hält. Die einschlägigen Stände erkennt man an ihrer Duftwolke und an der kleinen Ansammlung von Müßiggängern, die sie umgeben. Wer kein Stammkunde ist, tut gut daran, sich durch jemand anders auszuweisen oder unabhängige Empfehlungen mitzubringen, wenn ihm an einer heilen Gesundheit liegt:

»X schickt mich.«

Dabei ist es nicht nötig, dass X von der Verwendung seines Namens weiß. Es ist nicht einmal nötig, dass X wirklich existiert. Die Konvention sieht jedoch vor, dass der *stigghiòla*-Verkäufer sich als Mann von Welt erweist und so tut, als kenne er X und halte ihn für die würdige Referenz, als die er vorgestellt wird.

Die *stigghiòla* sind die Krönung einer Straßenimbiss-Küche, zu der auch die erwähnten *musso*, *quarume* und *frìttola* gehören. *Musso* und *quarume* sind gekochte Ohren, Mäuler und Gekröse vom Kalb. *Frìttola* wird in einem ausgeschlagenen Korb aufbewahrt und mit einem Tuch abgedeckt, damit sich die Temperatur hält. Bei Bedarf greift der Händler in den Behälter und zieht eine Handvoll glitschiger Fundstücke heraus, die er auf einem Stück Butterbrotpapier serviert. Was genau diese Fundstücke sind, wird man kaum erfahren, und das Tuch trägt ebenfalls nicht dazu bei, ihr Geheimnis zu lüften. Die Theorie besagt, es handele sich hierbei um Knorpel vom Rind und vom Schwein, die erst gekocht, dann gebraten und mit Safran bestäubt werden. In der Hand, die hineingreift und dann blindlings den Inhalt verteilt, lässt sich die Metapher unser aller Schicksals erahnen, das ebenfalls von einer unbewusst geführten Hand abzuhängen scheint und vielleicht tatsächlich abhängt.

Die Verkaufsstände, die solche Nahrungsmittel anbieten, sind nicht nur das, was sie zu sein scheinen. Sie sind auch Prüfstände. Die Bewohner der Stadt führen dich dorthin, um deinen Magen und deinen Mut auf die Probe zu stellen. Die angebotene *frìttola* ist vergleichbar mit der Tour der Ermordeten, die man den Besuchern zumutet, um ihr Durchhaltevermögen zu testen. Die Absicht hinter diesem Vorschlag ist in beiden Fällen die gleiche, und auch das Schaudern, das man dadurch meist hervorruft. Es lässt sich nicht mit Gewissheit sagen, warum ein ansonsten so gastfreundliches Volk seine Gäste einer solchen Behandlung unterzieht. Fest steht nur, dass die Bewohner der Stadt aus diesen sadistischen Manövern eine Art schmerzhaftes Vergnügen ziehen.

Verglichen mit *stigghiòla*, *musso* und *frìttola* ist das Fladenbrot mit Milz schon eine höherentwickelte Nahrungsspezies, das Bindeglied zu *pane e panelle*. Die Milz wird in den Imbissbuden in Schmalz gebacken und in einem großen Topf warmgehalten, der in Wahrheit vor allem Lungenstücke enthält. Die Fladenbrote mit Milz unterteilen sich in pur (zu deren Wesen ein Spritzer Zitronensaft gehört, weil man überzeugt ist, dass das beim Entfetten hilft) und »verheiratet«: Denn letztere evozieren das Bild des Brautschleiers durch die Zugabe von geriebenem Käse und Ricotta. Um besser bedient zu werden, ist es auch in diesem Fall ratsam, den Verkäufer zu kennen oder sich von ihm erkennen zu lassen, damit er die mutmaßlich köstlicheren und weniger knorpligen Stücke aus dem Topf herausfischt. Ein anthropologisch interessantes Schauspiel findet in den frühen Morgenstunden immer am Imbissstand von La Cala statt, wo sich ein kleiner Autostau, vor allem aus Lastwagen, bildet. Das Ritual verlangt, dass der Lasterfahrer vor seiner täglichen Tour ein Brot mit Milz verzehrt. Angesichts der frühen Stunde ist das eine Mutprobe, die zwischen Unglücksabwehr und Männlichkeitswahn schwankt.

Was die *panelle* angeht, lässt sich ein ähnliches Phänomen beobachten wie schon bei der glühend heißen Kaffeetasse. Zuvorkommend bäckt der Verkäufer die *panelle* sozusagen *ad personam*, was zur Folge hat, dass der Fladen über einen Zeitraum von etwa fünfzehn Minuten nicht an die Lippen geführt werden kann. Falls das auch dir passiert, solltest du dich über diese Tortur freuen, wäre die Alternative doch ein Fladenbrot aus kalt lagernden *panelle*, die normalerweise nur für die Auslage verwendet werden. Eine solche Bewirtung gilt als respektlos und bleibt lediglich naiven Touristen und gesellschaftlichen Parias vorbehalten. In so einer Imbissstube gibt es noch andere Spezialitäten: *cazzille* – oder in der männlichen Form: *cazzilli* – (Kartoffelkroketten), außerdem *quaglie* (paniert oder weniger paniert gebackene Auberginenscheiben), *cavolfiori e carciofi in pastella* (Blumenkohl und Artischocken im Teigmantel), erwähnte *sarde a beccafico* (gefüllte Sardinen) und *arancine* (gefüllte, frittierte Reisbällchen), die in der Stadt in der weiblichen Form vorkommen. Die männliche Variante, *arancini*, gilt als provinziell und somit als irrelevant. Diese Frage ist Gegenstand überaus langweiliger Debatten insbesondere mit den Einwohnern Catanias.

Zu dieser Familie der Softcore-Nahrungsmittel – soft allerdings nur im Vergleich mit solchen Hardcore-Speisen wie etwa den *stigghiòla* – gehören zwei Untergruppen: der *sfincione*, eine Art Pizza mit Zwiebeln, Caciocavallo-Käse und Anchovis, die in Bäckereien und von fliegenden Händlern verkauft wird; und ferner Mollusken, Seeigel, Schnecken und Kraken, letztere werden in frugaler Form an improvisierten Theken verzehrt, die in den letzten Jahren zur Sedimentbildung tendieren und sich in ihrem Hang zum Überdimensionalen zu regelrechten Trattorien entwickelt haben – gestiegene Preise inklusive. Vorsicht vor Kraken, die auf großen Tellern serviert, vor deinen Augen kleingeschnitten und nur mit Zitrone gewürzt werden. Sie sind steinhart und voller Knorpel. Die Bewohner der Stadt mögen sie so, weil jede Weichheit für wenig männlich gehalten wird. Leiden heißt die Devise, auch wenn man Tafelfreuden genießt.

Es lohnt sich, an dieser Stelle daran zu erinnern, dass alle beschriebenen Spezialitäten – von den Tintenfisch-*stigghiòla* bis hin zu allen Arten von Frittiertem und Gebratenem – verheerende Auswirkungen auf die Gesundheit des Kunden haben. Wenn die Regeln guter Ernährung der Weisheit letzter Schluss wären, hätten die Bewohner der Stadt theoretisch schon vor einiger Zeit ihren Essgewohnheiten zum Opfer fallen und aussterben müssen. Wer sich entschließt, den Genüssen der Straßenlokale und -stände nachzugeben, weiß jedenfalls um die Risiken, die er oder sie eingeht. Man könnte es höchstens im Fall bestimmter Spezialitäten machen wie mit den Zigaretten und auf die beiliegende Papierserviette schreiben: *Fügt Ihrer Gesundheit erheblichen Schaden zu*.

Es gibt in der Stadt zudem ein Nahrungsmittel, das mehr als jedes andere stets hervorragend zubereitet wird. Es ist das genaue Gegenteil der bisher beschriebenen opulenten Gerichte: das Brot. Vielleicht liegt es am Wasser oder am Salz oder an sonst was. Vielleicht auch am Dreck. Fest steht jedenfalls, dass das Brot der Stadt das beste Brot überhaupt ist, und Objekt eines sehr alten Kults. Auch heute noch küsst man jedes Stück Brot, bevor man es wegwirft, und sei es auch überhaupt nicht mehr zu gebrauchen. Solltest du immer noch nicht das Hotel verlassen wollen, versuch, dir ein Brötchen aufs Zimmer bringen zu lassen. Nur eines. Frag, ob es möglich ist, eines aus Vollkorn zu bekommen, das mit Sesamkörnern bestreut ist. Man wird sich erkundigen: »Weiter nichts?«

Begnüg dich damit und hab Vertrauen. Sag, dass du einfach Lust darauf hast. Ein Brötchen ist genug. Das Brot der Stadt ist übrigens ein Brot für Arme, dazu gedacht, ohne etwas dazu gegessen zu werden. Ein Aufstrich ist überflüssig.

Bleiben noch die Süßspeisen, und für die ist die Stadt berühmt. Das geht so weit, dass Dacia Maraini sich zu dieser berühmten Definition der Hölle inspiriert sah: »Diese Stadt, aber ohne die Konditoreien.« Die Konditoreien sind wie Sternbilder, nein, jede von ihnen ist ein eigenes Sonnensystem, und jedem von uns steht es frei, die Zuneigung zu seinem persönlichen Herzensstern zu pflegen. Die Rangfolge verändert sich mit der Zeit ständig, sodass es sinnlos wäre, hier eine bestimmte Konditorei zu nennen. Lieber konzentrieren wir uns auf die einzelnen Leckereien, die der Zeit tatsächlich trotzen.

Die *cassata* ist das süße Symbol des diesbezüglichen Ruhms der Stadt. Doch in ihrem Triumph aus Triglyceriden und barock arrangierten Farbzusammenstellungen verkörpert die *cassata* nur das, was die Bewohner der Stadt von sich zeigen wollen. Ein Pendant zu dem klassischen Verkaufswägelchen, das ganz aus Zierrat und Federbüschen besteht. Angesichts der fröhlichen Extrovertiertheit der klassischen sizilianischen *cassata* verdient allenfalls die fast einfarbige Schlichtheit der *cassata al forno* noch Erwähnung, deren Mürbeteighülle sich darauf beschränkt, als Schatzkästchen für die kostbare Ricotta zu dienen, gemäß des lateinischen Archetyps des *cheesecake* (der Name *cassata* leitet sich von *caseus*, Käse, ab). Falls es überhaupt möglich ist, einen gemeinsamen Charakter der Stadtbewohner auszumachen, liegt er ohne jeden Zweifel in der Innerlichkeit der *cassata al forno* und nicht in der Äußerlichkeit der sizilianischen *cassata*, dieses Zuckerwerks, das nur Fassade ist und erst in jüngerer Zeit erfunden wurde, um der pittoresken Vorstellung zu entsprechen, die man außerhalb Siziliens von Sizilien hat.

Im Alltag ist die *cassata* eine ungebräuchliche Süßspeise, die man inzwischen fast nur noch kauft, um sie zu verschenken, um einer Pflicht zu genügen, um die Rechnung eines Freiberuflers in Naturalien zu bezahlen. Das Gleiche gilt für den *buccellato*, eine herbe Variante des Strudels. Man verschenkt ihn zu Weihnachten, isst einen winzigen Happen davon und wirft den Rest noch vor dem Dreikönigsfest weg. Das ist so, weil die Konditorkunst der Insel (die beinahe vollständig arabischer oder mönchischer Herkunft ist, aber – herrlich widersprüchlich – von ein paar im

19. Jahrhundert hierher verschlagenen Schweizer Familien bearbeitet wurde) höchst kalorienreich ist. Sie genügt der Anforderung, den höchsten Nährwert auf die kleinstmögliche Menge zu konzentrieren, und könnte dadurch gut und gern als Versuchsreihe für die Ernährung von Astronauten gelten. Ein Stück *cassata* ist so gehaltvoll wie eine ganze Mahlzeit. Das trifft auch für die *cannoli* und andere Spezialitäten zu, die, im Kalender nach Jahreszeiten und Festtagen gestaffelt, alle zusammen eine lange Reihe gutsortierter Süßigkeiten ergeben: *gelo di melone* (Melonenlimonade mit Eisgranulat); *biancomangiare* (eine Art Milch- oder Mandelmilchpudding); Marzipanfrüchte; Marzipanschäfchen; *kubbaita* (Sesamgebäck); *petrafennula* (Konfekt aus Honig und gekochten Orangenschalen); kandierte Kastanien; kandierte Äpfel; Zuckerpüppchen; das harte Keksgebäck *mustazzola*; die süße Weizensuppe *cuccìa*; *minne di vergine* (Blätterteig mit Ricotta oder kandierten Früchten); *patata*; *sfinci di San Giuseppe* (eine Art Krapfen); *chiavi di San Pietro* (»Petersschlüssel«); *cuori di Gesù* (»Jesusherzen«); *teste di turco* (ein Dessert aus Biskuit und Pudding); *sammartinelli* (runde, zum Sankt-Martins-Fest gereichte Kekse) und schließlich die neueste phantasmagorische Erfindung eines Konditors aus der Via Colonna Rotta: die *torta Setteveli*, eine Schokoladentorte, dazu bestimmt, jede Zeit und jeden Geschmack zu überdauern. Was auch für die Konditoreikunst bestätigt, dass die Stadt sich, egal wie unbeweglich sie scheinen mag, in stetem Wandel befindet.

Durch die Forderung des modernen Lebens nach leichter Kost könnte das Aussterben oder die museale Bewahrung dieser süßen Spezialitäten absehbar werden. Ein Schicksal, das den *trionfo di gola*, eine pistaziengrüne Kalorienbombe, gegen die sich die *cassata* wie Diabetikerkost ausnimmt, vor gar nicht langer Zeit bereits zu ereilen schien. Zuletzt zubereitet wurde er von den Nonnen des Konvents hinter dem Teatro Biondo, und zwar ausschließlich auf Bestellung. Nun ist diese Süßspeise, die verschwunden schien, genauso zurückgekehrt wie die Glühwürmchen nach Pier Paolo Pasolinis voreiliger Klage: Ein paar Konditoreien haben wieder angefangen, sie zuzubereiten – und immer ausschließlich auf Bestellung.

Im Panorama der Süßigkeiten verdienen die Eissorten ein Kapitel für sich. Wenn man also wählen muss unter den Eiscafés, die im Sommer Tische im Freien aufstellen, ist ein Café am Foro Italico besonders empfehlenswert, wo man anderswo unbekannte Spezialitäten wie *riso e chantilly* (Pudding mit Schlagsahne) oder *scorsonera e cannella* (Schokolade mit Orangen) zubereitet. Das Lokal gehört unbedingt zu den auf unerklärliche Weise faszinierenden Orten einer Stadt, die in ihrer Gesamtheit auf unerklärliche Weise faszinierend ist. Man ist gern dort, doch man weiß nicht, warum: Gegenüber könnte das Meer sein, doch man sieht es nicht, die Kellner sind kurz angebunden, und aus dem Zustand der Einrichtung kann ein geübtes Auge schließen, wie weit der Sommer bereits fortgeschritten ist. Vom 14. Juli an, dem Tag, an dem das Fest der heiligen Rosalia begangen wird, stinken die Tischdecken, und es besteht der Verdacht, dass sie erst im September gewaschen werden. Das Café ist eines der alten Lokale, wo die Fliege in der *granita* (Eis aus gefrorenem Fruchtsaft oder Kaffee) zum Charme dazugehört. Die Fliege kann man jederzeit entfernen, der Charme bleibt.

Verglichen mit den klassischen Konditoreiwaren müsste das Eis theoretisch weniger gehaltvoll sein. Doch es wird sofort mit der *brioche* kombiniert. Die *brioche* mit Eis ist einer der größten Beiträge zum Fortschritt der Menschheit, den die Stadt je geleistet hat. Doch das heißt: Leichtigkeit ade. Es bleibt ein Rätsel, warum auf einem fast schon afrikanischen Breitengrad eine derart überladene Konditorkunst und – allgemeiner – Gastronomie Fuß fassen konnte. Die einzige plausible Erklärung ist, dass es sich um eine Form von *cupio dissolvi* handelt. Um den Wunsch nach Selbstzerstörung, nach einem leopardesken »Ich wünsche zu sterben«. Vielleicht erschließt sich dieses Gefühl bei der Lektüre des *Leoparden*. Dort sagt der Fürst zu Chevalley: »Alle sizilianischen Handlungen sind geträumte Handlungen, auch die gewalttätigsten, unsere Sinnlichkeit ist Verlangen nach Vergessen, unsere *lupare* und unsere Messerstechereien sind Todessehnsucht; Sehnsucht nach wollüstiger Erstarrung, also wiederum nach Sterben; unsere Trägheit, unsere Rauhweizen- oder Zimtsorbetts.«

7 Die Stadt liegt nicht am Meer

Ach, ich begehre ja nicht, eine Möwe zu sein, auch nicht ein Delphin; ich wäre es zufrieden, eine Stachelkrake zu sein, welche der häßlichste Fisch des Meeres ist, wäre ich nur wieder dort unten, mich zu tollen in jenen Gewässern. Elsa Morante

Vielleicht sind ja auch die Zeitungsberichte ein Grund für dein Zaudern im Hotel. Ist es das? Die Kriminalitätsstatistik lag jedoch in den letzten Jahren nicht über dem nationalen Durchschnitt, was daran liegt, dass die Mafia aus der Mode gekommen ist. Sie wurde abgelöst von den erstaunlichen Abenteuern der Anti-Mafia, die sich als Alternativ- beziehungsweise Ersatzsystem versteht. Mit dem Ergebnis, dass die Stadt in der kollektiven Vorstellung noch etwas unentwirrbarer, aber auch beruhigender erscheint, da unterm Strich die Schießereien weniger häufig vorkommen.

Vielleicht werden deine Berührungsängste aber auch durch die Nachrichten über die hiesige Lebensqualität genährt, die man ebenfalls häufig in der Presse findet. Dazu lässt sich nicht viel sagen. Zahlen sind Zahlen. Für die Bewohner der Stadt rückt einer der schlimmsten Augenblicke des Jahres heran, wenn die Zeitung *Il Sole 24 Ore* die Rangliste der Lebensqualität der italienischen Städte veröffentlicht. Es ist ein Moment allgemeiner Angst, weil zwar die Regierungen wechseln, doch die Stadt in dieser Rangliste stets auf den hinteren Plätzen landet.

Der Veröffentlichung der Liste folgen drei Tage voll wilder Bürgerdebatten, privater Kommentare und öffentlicher Erklärungen. Vonseiten der Stadtverwaltung beanstandet man die zugrunde gelegten Parameter, klammert sich an die sporadischen Anzeichen für eine Gegentendenz und schiebt die Verantwortung komplett auf die vorherige Regierung. Doch mittlerweile wird diese Rangliste seit dreißig Jahren aufgestellt, und die Stadt kam, bis auf unmerkliche Verschiebungen, nicht von Platz einhundert herunter und schon gar nicht in aufstrebender Richtung.

Meistens weist der gerade amtierende Bürgermeister zudem darauf hin, dass die Erhebung auf Provinzebene durchgeführt werde und dass zwischen der Hauptstadt und anderen Provinzzentren eine sehr große kulturelle wie wirtschaftliche Diskrepanz bestehe. Doch auf eben dieser Provinzebene verschwimmen die Verantwortlichkeiten noch mehr und verlieren sich schließlich im Nichts. Üblicherweise finden die Zeitungen immer zwei Dichter oder Künstler oder Fernsehkomiker, die bereitwillig einander diametral entgegenstehende Aussagen treffen. Einer erklärt, es sei wahr, in der Stadt lebe es sich schlecht, alles laufe schlecht, ja, alles *sei* schlecht und zwar im Reinzustand von schlecht. Ihm schließen sich die sogenannten *Feinde der Zufriedenheit* an, die sich darin gefallen, Salz in die Wunde zu streuen, obwohl die Wunde ja auch ihre Haut verletzt. Der andere Dichter/Künstler/Fernsehkomiker hingegen erklärt das genaue Gegenteil, nämlich, dass er um keinen Preis der Welt in Bozen (um die Stadt zu nennen, die auf Rang eins der Liste liegt) leben wolle, weil es dort kalt sei. Die Bewohner unserer Stadt lesen das und lächeln sardonisch. Auch diese alljährliche Demütigung wird in verschämten Stolz – eine authentische hiesige Tradition – umgewandelt. Zum Teufel mit *Il Sole 24 Ore* und seiner Liste. Was wollen denn diese Mailänder? Was verstehen die schon vom Leben, wo es bei denen immer neblig ist und wo, wenn einem auf der Straße schlecht wird, kein Mensch stehenbleibt, um ihm zu helfen?

Ob wirklich kein Mensch stehenbleibt, wenn in Mailand jemandem schlecht wird, und in unserer Stadt dagegen jeder stehenbleibt, muss erst noch bewiesen werden. Bleiben die meteorologischen Gesichtspunkte, die tatsächlich nicht zu den berücksichtigten Faktoren bei der Erstellung der Rangliste gehören. Und das ist ein Trost. Mag es auch ein klischeebehafteter Trost sein, doch der Umstand, auf eine gewisse Anzahl von Sonnentagen verweisen zu können, hilft, über das Leid hinwegzukommen, dass man in der einhundertsten Stadt Italiens wohnt. Selbst an grauen Tagen erwartet jeder eine Wetterbesserung, die das Herz weit für die Hoffnung öffnet. Heute mag es frühmorgens regnen, später vielleicht nicht mehr, morgen vielleicht ja, doch nicht den ganzen Tag. Das ist immer noch besser als ein Winter mit einem niedrigen, dunklen Himmel ohne Abwechslung und ohne die Aussicht auf eine Wetteränderung. Mag sein, dass solche Binsenwahrheiten banal sind, doch manchmal sind sie deswegen nicht weniger wahr. Das sollte *Il Sole 24 Ore* nicht außer Acht lassen.

Gleichwohl rückt diese Betrachtung gefährlich in die Nähe eines unbegründeten Alibis. Mindestens ein Jahrhundert lang rieten die Ärzte in ganz Europa ihren Patienten zu einer Reise auf die Insel, damit sie ihre Atemwegsleiden kurieren konnten. Ein Heilmittel, das sich oft als schlimmer als die Krankheit erwies. Auch Richard Wagner, der zum Überwintern hergekommen war, musste mitansehen, wie sein geliebter Sohn Siegfried an einem Fieber erkrankte, und spätestens da hätten ihm gewisse Zweifel an den Vorzügen des gesunden Klimas kommen müssen, das er hier gesucht hatte. Wagner selbst blieb dann auf seinem Rückweg von Sizilien nicht mehr viel Zeit, bevor er in Venedig starb. Zahlreich sind die Begüterten, die aus gesundheitlichen Gründen auf Reisen gingen, in die Stadt kamen und hier in der tödlichen Mischung aus Feuchtigkeit und schlecht beheizten Unterkünften den Gnadenstoß empfingen. Solltest du genügend Mut aufbringen, lieber Reisender, so geh auf den verlassenen Friedhof in der Via Gulì, wo die nichtkatholischen Ausländer begraben wurden. Versuche, dir an jedem von ihnen das Schicksal eines armen Reichen auszumalen, der gekommen war, um fern von der Heimat zu sterben, mit verstopften Lungen und einem für die Hoffnung weit geöffneten Herzen.

Klimatische Klischees treten im Süden häufig in banalster Gestalt auf: Die Sonne, das Meer … Die Sonne mag ja noch angehen. Aber das Meer? Wer hat es denn in der Stadt jemals gesehen, das Meer? Wärst du ein unternehmungslustigerer Reisender, dann könntest du – wenn du kannst – versuchen, die ganze Küste abzuklappern, von Südosten bis Nordwesten, bis nach Sferracavallo. Versuch, wenn du kannst, möglichst nahe am Meer zu bleiben, und halte jedes Mal an, wenn du es siehst oder für erreichbar hältst. Schon bei der Abfahrt würdest du nichts anderes entdecken als ein Kontinuum aus Mauern und Sperren. Wenn das Meer dann endlich zu sehen ist, bietet sich die Gelegenheit, einem anderen Klischee, dem der Umweltverschmutzung, entgegenzutreten. Nach Jahrzehnten sichtbarer Nekrose ist das Meer hier am Golf sauber, vielleicht sogar zum Baden geeignet. Der Strand ist immer noch ekelhaft, aber vielleicht wird auch die Küste, wenn's gut läuft, eine solche Gesundung erleben wie das Meer.

In der Litanei der Vororte folgt nach Acqua dei Corsari La Bandita, wo das Meer bis vor ein paar Jahren auftauchte wie eine Tafel aus braunem Schaum mit einem Saum aus Sand und Abfall, mehr Abfall als Sand. Und auch hier, oh Wunder: Wenn und falls du es schaffst, das Meer zu sehen, ist es wieder die azurblaue Weite, die es theoretisch sein soll. In dieser Gegend postierten sich die großen Vedutenmaler des 19. Jahrhunderts, um die Stadt vor dem Profil des Monte Pellegrino zu porträtieren. Catti, Lojacono, Leto – ihre Gemälde stellen ein Meeresidyll wieder her, bei dessen Anblick sich einem das Herz zusammenzieht, wenn man die Bilder mit der heutigen Realität abgleicht. Aber da wir gesehen haben, dass sich die Dinge ändern: Vielleicht ändern sie sich ja in Zukunft auch hier wieder.

Hinter Romagnolo beginnt eine Reihe von Mauern und Zäunen, hinter denen keine Häuser liegen, sondern Eisenwarendepots, kleine Betriebe, die einen billigen Standort am Meer suchten und inzwischen eingegangen sind oder beschlagnahmt wurden und nur ihre Ruinen am Strand zurückgelassen haben. In Sant'Erasmo trifft man auf die Mündung des Oreto, des Flusses der Stadt, der hier fast ein Rinnsal ist, und noch ein Stück weiter auf den kleinen Hafen, wo eine kleine Gemeinde von Fischern im Schatten des Istituto Padre Messina überdauert, das den Anfang des Foro ltalico oder auch von *La Marina* markiert, also dessen, was früher einmal die Strandpromenade der Stadt war. Nur dass das Meer jetzt zweihundert Meter von der Straße entfernt ist. Denn ausgerechnet dort hat man die Trümmer der Bombenangriffe im Zweiten Weltkrieg abgeladen, und folglich hat sich das Meer zurückgezogen. Bis vor wenigen Jahren hatte man auf dieser Landzunge definitiv provisorisch einen Vergnügungspark eingerichtet und sogar einen kleinen Platz aus weißem Marmor mit einer Mannschaft von Heiligenstatuen, die aufgerufen waren, das Wunder einer ambientalen Aufwertung zu vollbringen. Das Wunder misslang, und die heiligen Herrschaften wurden später in das Stadtviertel ZEN – Zone Espansione Nord (Nördliches Erweiterungsgebiet) – transferiert, damit sie dort ein womöglich noch komplizierteres Wunder in Angriff nahmen. Auf weltlichere Weise, aber nicht ohne Stockungen ist die große Wiese am Foro Italico in den letzten Jahren zu einer Art grünem Vorspiel für die blaue Weite geworden, wohin die Bewohner egal welcher Herkunft ihre Ausflüge machen, wo sie ihre kleinen Fußballspiele austragen oder einfach spazierengehen. Auf diesem Terrain versuchen die Gärtner der Kommune eine Technik zu finden, der es gelingt, einen englischen Rasen wachsen zu lassen, der dem hohen Salzgehalt mehr als sechs Monate lang widerstehen kann. Es gibt sogar ein paar Bäume, und wenn man sich konzentriert, schafft man es, weit, weit hinten einen Streifen zu erblicken, der blau zu sein scheint. Das Meer hält sich fern, aber so ist's eben.

Dann kommt La Cala. La Cala ist der alte Hafen, der dort gebaut wurde, wo die beiden Flüsse Kemonia und Papireto ineinanderflossen, die einst die Altstadt durchschlängelten und längst verschwunden sind. Heute sind sie Gegenstand extravaganter Legenden. Besonders der Papireto, von dem man sagte, dass er eine unterirdische Verbindung mit dem Nil besessen habe. Bis vor wenigen Jahren existierte die Mumie eines Krokodils, die diese Theorie bekräftigen sollte. Der kleine touristische Hafen von La Cala ist in den jüngsten Jahren Gegenstand eines der seltenen Eingriffe zeitgenössischer Stadtplanung geworden (der andere ist der neue Justizpalast, und dann nichts weiter). Inzwischen ist es auch hier angenehm, einen Spaziergang zu machen, die Promenade könnte fast in Valencia oder Barcelona sein (nur viel kleiner). Manche Experten rümpfen die Nase wegen der Materialien, der Pflasterung oder der Beleuchtungsart. Nun, es ist so: Die Bewohner der Stadt sind begabt darin, gegen alles zu polemisieren, aber sicherlich ist die Situation aktuell besser als vor knapp 20 Jahren, als die Reeder aus aller Welt ankamen, um hier all ihre Schiffe zu versenken, deren Verschrottung zu teuer gewesen wäre.

Setzt man den Weg fort, taucht hinter La Cala eine Reihe von Palazzi auf. Wenn du dort ankommst, vergiss nicht, die Balkons an der Hauptfassade dieser Häuser genau zu betrachten: Sie gehen aufs Festland. Vor die Wahl gestellt zwischen dem Blick aufs Meer und dem Blick auf andere Palazzi, haben sich die Architekten dieser Häuser anstandslos für die zweite Variante entschieden. Schon Leonardo Sciascia hat darauf hingewiesen, dass die Stadt dem Meer immer den Rücken zudreht. Das Meer hört man und ahnt man, doch zu sehen ist es beinahe nirgends, und man will es auch gar nicht sehen. Auch als man mit einer Umgestaltung des Foro ltalico begann, setzten sich die Leute verkehrt herum auf die Marmorbänke, um nicht, wie es deren Anordnung entsprochen hätte, das Meer zu bewundern, sondern lieber die Stadt, die ja schon immer vor aller Augen war.

Noch ein Stück weiter liegt das eigentliche, wahre Hafengelände, über das ein Urteil abzugeben unfair wäre: In jeder Großstadt ist der Hafen der Ort, an dem das Meer abgesondert ist. Man sollte sich rechts halten und darauf vertrauen, dass dort, wo der Zoll ist, auch der Hafen sein muss, und der Hafen muss unweigerlich am Meer liegen. Doch genau hier verschwindet das Meer für ein paar Kilometer komplett. Wir biegen in den Viale Cristoforo Colombo ein und stoßen fast unmittelbar auf die Werft, die eine Art Trost ist: Sie stellt nicht nur den größten Industriezweig der Stadt dar – der zweitgrößte ist, man stelle sich vor, das Teatro Massimo –, sondern ihrer Natur gemäß muss sie zwangsläufig am Meer liegen. Das Meer ist also da, muss man sich überzeugen lassen und weiterfahren entlang des Rosenkranzes der Vororte: Acquasanta, Arenella, Vergine Maria.

Nun taucht ein kleiner Touristenhafen auf, doch man kommt unmöglich näher heran, wenn man nicht eines der am Pier liegenden großen Boote besitzt. Das Meer liegt gleich dahinter und regt, wie es häufig geschieht, zu tiefgründigen Gedanken an, besonders, wenn es die Gestalt einer Bucht annimmt. Wenn du hier wärst, würdest du dich wie jeder anständige Reisende angehalten fühlen, stehenzubleiben und nachzudenken. Einer der edelsten Gedanken, die dir angesichts des majestätischen Panoramas vor deinen Augen in den Sinn kämen, ist: Wie machen es all diese

Leute bloß, all dieses Geld zu haben und all diese Boote zu besitzen? War das hier – gemäß der Rangliste in *Il Sole 24 Ore* – nicht eine Stadt mit geringem Pro-Kopf-Einkommen? War Unternehmermentalität denn hier nicht nur ein blasses Hirngespinst? Und wenn es keine Unternehmer sind, was sind das dann alles für Leute, die sich eine Yacht leisten können?

Was das angeht, könntest du solche Fragen unentwegt stellen, angesichts der Zaungitter am Ende einer Straße, hinter denen man fast schon auf die Klippen gebaute schlösschenartige Villen sieht, aber solche Gedanken tun jetzt nichts zur Sache. Wir müssen weiterkommen, wir müssen das Meer finden. Wir müssen versuchen, ganz dicht heranzukommen, auch wenn das nicht leicht ist. Das imposante Hotel, das sich uns irgendwann in den Weg stellt, heißt Villa Igiea. In seinem Innern bewahrt es einige der schönsten Zeugnisse des Jugendstils, einer der Epochen, in denen die Stadt davon träumte, das Glück gefunden zu haben. Wärst du dort Gast, könntest du das Meer schon sehen, aber nur vom Balkon aus.

Die Fahrt muss also weitergehen, immer an der Küste entlang, sofern das möglich ist. Nach einem Kilometer, in Arenella, wird das Meer erneut sichtbar, dann verschwindet es wieder und taucht für knappe, unvergessliche, kurzlebige Ansichtskarten erneut auf. Bis Addaura sehen wir eine Abfolge von Gittern, die vermutlich jedem, der kein Recht darauf hat, den Blick auf das Meer verwehren sollen. Und du, lieber Reisender? Auf welche Rechte könntest du pochen? Du, der du womöglich aus einer Stadt ohne Meer kommst, willst es ausgerechnet hier finden?

Doch weiter. Die azurblauen Kostproben, die dem Auge vereinzelt gewährt werden, nehmen allmählich zu, die Belohnung für eine Spazierfahrt, die nun schon zwanzig Kilometer lang ist. Und es fehlen nur noch wenige Kilometer bis zu dem Ziel, das auf dem langen Weg von Anfang an hätte angesteuert werden müssen: Mondello, der beliebteste Badeort der Stadtbewohner. Jetzt gilt es nur noch einen letzten Ausläufer des Monte Pellegrino zu umfahren, eine letzte Kurve zu nehmen, ein letztes Gitter zu ignorieren, und schon kommt Mondello.

Versuch, dir die Bucht vorzustellen, wie sie auf den Mailänder Ingenieur Luigi Scaglia gewirkt haben muss, der eines schönen

Tages im Jahr 1902 auf den Monte Pellegrino stieg, hinunterschaute und beim Anblick dessen, was damals ein Sumpfgebiet am Meer war, eine Idee davon bekam, was einmal Mondello werden könnte. Wahrscheinlich stellte er es sich mit weniger Schildern und weniger Ferienhäusern vor, als jetzt dort zu finden sind, doch der Rahmen und alles andere waren genauso wie heute. Er verließ also Mailand und zog auf die Insel, um seine Idee in die Tat umzusetzen. Er reichte einen Plan zur Melioration und Parzellierung der gesamten Bucht ein und wartete. Während Scaglia wartete, legte ein Konkurrent, die Società Italo Belga, die Belgisch-Italienische Gesellschaft, gleichfalls einen Antrag auf Parzellierung vor, der seinem sehr ähnelte, ja, praktisch identisch damit war. Am Ende siegte der später eingereichte Vorschlag, also der von der Belgisch-Italienischen Gesellschaft, und Ingenieur Luigi Scaglia, der sein Vermögen und seine Existenz in dieses Projekt gesteckt hatte, nahm sich aus lauter Kummer das Leben. Irgendwo in Mondello gibt es eine kleine Gasse, die seinen Namen trägt.

Melioration und Parzellierung wurden also durchgeführt, und wie. Damals gab es dort sogar einen Golfplatz und eine Straßenbahn, die durch den Parco della Favorita führte und Mondello mit der Stadt verband. Die Häuser wurden so wie in Ostende gebaut, denn in der Eile der Parzellierung hatte man beschlossen, das bereits erprobte Modell aus der belgischen Kleinstadt zu kopieren. Daher rührt das elegante, unpassende Äußere mancher Villen mit alles andere als mediterranen Giebeldächern, die im elegantesten Teil des Badeorts stehen.

Mondellos ursprünglicher Kern bestand aus einer Ansammlung von Fischerhäusern, die die Thunfischfangstelle umarmten. Von diesem Fangplatz ist nur noch der Turm an der Piazza erhalten, umzingelt von Bars und kleinen Restaurants, die vornehmlich samstags, sonntags, im Juli und im August geöffnet haben, wenn die Bewohner der Stadt in Massen nach Mondello strömen und es in ein gastronomisches Dorf verwandeln, wo man schlecht und teuer isst. Auch deshalb, weil in einer Stadt wie der unseren, wo der Vorteil, im Freien zu sitzen, dreihundert Tage im Jahr genutzt werden könnte, die praktisch einzigen Cafés mit

Sonnenplätzen und Blick aufs Meer sich bis etwa vorgestern ausgerechnet hier auf der Piazza befunden haben. Inzwischen hat es so ziemlich überall eine Art Blütezeit der Tischchen im Freien gegeben, aber das Flanieren und das Eisessen in Mondello sind Traditionen, von denen man nur schwerlich loskommt, selbst jetzt, wo es genügend Alternativen gäbe.

Die Beziehung, die die Bewohner der Stadt zu Mondello unterhalten, ist einzigartig. So kommt es zu so paradoxen Erscheinungen wie etwa Ferienhäusern, die nur drei Kilometer von der Stadtwohnung entfernt gebaut werden. Trotzdem ziehen die Familien jedes Jahr im Juni feierlich nach Mondello um, wo sie für drei Monate die Annehmlichkeiten eines Urlaubs am Meer genießen. Eine in Mondello sehr verwurzelte, wenngleich schwindende Tradition ist die der Badekabinen, die hier *capanne*, Hütten, genannt werden, vielleicht um ihre Nutzung durch den jeweiligen Stamm zu unterstreichen. Auch zu ihrer Hütte haben die Bewohner der Stadt ein ganz eigenes Verhältnis. Besonders diejenigen, die sich kein Ferienhaus leisten können, neigen dazu, die Hütte als ein solches zu betrachten, und machen ein Behältnis für jegliche Form von Komfort daraus. Früh am Morgen treffen die Familien ein, mit der Hütte als Stützpunkt, und kehren erst spätabends und widerstrebend in die Stadt zurück. Die Freiflächen zwischen den Strandhütten werden bewusst *cortili*, Höfe, genannt, denn sie reproduzieren haargenau den Lebensraum des früheren mittelalterlichen Hofes und das Gemeinschaftsleben, das sich dort abspielte. Bis weit nach Sonnenuntergang – und auch noch danach, beim Licht von Acetylenlampen – spielt man in den Höfen des Strandes Karten, isst Nudelauflauf und übt sich in Konversation. Dann räumt man Tische, Stühle, Lampen, Hausrat, Nippes in die Hütte und fährt zurück in die Stadt. Doch in dem Bewusstsein, dass dies nur für die wenigen Stunden ist, die unausweichlich dem Schlaf vorbehalten sind; und am nächsten Tag kommt man wieder.

Doch wie die Tradition des 2. November, die Mafia, die Konditoreikunst, der Verkehr und viele andere Dinge ist auch der Kult um die Hütten im Begriff, sich zu verändern, wenn nicht gar zu verschwinden. Die Belgisch-Italienische Gesellschaft stellt jeden

Sommer weniger Kabinen auf und bevorzugt nun die Vermietung von Liegestühlen, Liegen und Sonnenschirmen, die mehr einbringen und weniger aufdringlich sind, insofern sie auch den Passanten erlauben, sich am Meerblick zu erfreuen.

Mondello verändert sich, wie sich die Stadt verändert, und das Gegenteil wäre ja auch seltsam, da die beiden wesensgleich sind. Mondello wandelt sich speziell mit dem Wechsel der Jahreszeiten und ist, obwohl es immer gleich bleibt, jedes Mal wieder wie neu. Der Lebenszyklus des kleinen Badeorts beginnt, sobald der Schulbesuch Anfang Mai fast schon optional wird und die ersten noch blassen Hintern am Strand auftauchen. Dann kommt es zu ein paar Veranstaltungen, die den Bannzauber des Winters endgültig brechen und vor allem das Gebiet um Valdesi durcheinanderbringen und zu einer Art Jahrmarkt werden lassen. Der Verkehr wird an einigen Teilen der Strandpromenade eingestellt, aber dafür wird sie mit den unerbittlichen Plastikpagoden bepflanzt, sodass man am Ende dem normalen Autoverkehr nachtrauert.

Mehr oder weniger zur gleichen Zeit kommen die Hütten, was bedeutet, dass der Sommer nun wirklich zurück ist. Man bemerkt das schon allein deshalb, weil auf der Piazza jetzt auch das erste Mal wieder die blauen Uniformen der städtischen Polizisten zu sehen sind. Während der restlichen neun Monate des Jahres erfreut sich Mondello einer Art Exterritorialitätsprivileg, das es mit anderen verrufenen Vierteln teilt. Dann, Anfang Juni, tauchen die Ordnungshüter auf. Die örtliche Bevölkerung, die sie den ganzen Winter lang herbeirief, als die Verkehrs- und Parksituation dem Anstand des Einzelnen anvertraut waren, verflucht die Ordnungshüter jetzt allerdings, weil sie Bußgelder für Autos verhängen, die im Halteverbot oder in zweiter Reihe parken. Das ist eine Nebenwirkung der unterbrochenen Rechtsstaatlichkeit, die dann sichtbar wird, wenn die Obrigkeit von einem Moment auf den anderen Regeln eingehalten sehen will, die für den Rest des Jahres aufgehoben scheinen.

Das Privileg der Exterritorialität und der unterbrochenen Rechtsstaatlichkeit pflegen die Bewohner von Mondello über lange Monate hinweg, aber zwischen Juni und September verwandelt es sich in eine Art verärgertes Ressentiment. Denn dann kommen diejenigen wieder, die abfällig *maomao* genannt werden, und besetzen den Strand ihrer Wahl, der der einzige ist, der eine wirkliche Vermählung der Stadtbevölkerung mit dem Meer erlaubt. Die hochmütigsten unter den Bewohnern Mondellos überlassen das Feld im Sommer dem Feind und organisieren schnippisch Aufenthalte freiwilligen Exils in den Dolomiten, wenn sie es denn können. Ansonsten schließen sie sich in ihre Häuser ein und konzentrieren sich darauf, die Bongospieler zu hassen, die in den Sommernächten überall ihr Unwesen treiben und im Umkreis vieler Kilometer jeden Schlaf verhindern.

Den Sommer über werden die Bewohner Mondellos böse und gemein. Trotzdem hören sie nicht auf, ihren Ort von ganzem Herzen zu lieben. So wie man einen Gauner liebt, um dessen gaunerhaftes Wesen man zwar weiß, über das man aber hinwegsieht, weil Gauner sympathische und sehr gesellige Leute sind. Nur Geduld, wenn man sie manchmal einfach nicht besuchen kann.

Vor einigen Jahren hat die Belgisch-Italienische Gesellschaft entschieden, im Winter die grünen Gitter zu entfernen, die einen einzigen Zweck hatten: die Sicht auf die Meereslandschaft durch ein schachbrettmusterartiges Gitter zu verstellen, was man wiederum als eine der besten Metaphern für das Verhältnis zwischen Stadt und Meer ansehen konnte. Ein Verhältnis, das sich mit dem Wort Unverschämtheit zusammenfassen lässt. In der Überzeugung, von den Göttern abzustammen, verzichten die Bewohner der Stadt mit der gleichen Arroganz auf das Meer, mit der sich ein Reicher seine Zigarre an einem Geldschein anzündet. Nur dass wir Bewohner der Stadt alles andere als reich sind. Schlimmer noch, wir haben in vielerlei Hinsicht Flicken auf dem Hintern, doch wir verzichten trotzdem nicht auf eine Großspurigkeit, die ganz unbegründet ist. Wir haben das Meer, doch wir haben beschlossen, ohne es auszukommen. Wir lassen es weg wie das Trinkgeld im Restaurant, wenn man, von dringenderen Pflichten und wichtigeren Gedanken gerufen, davonläuft. Worin diese dringenderen Pflichten und wichtigeren Gedanken bestehen könnten, hat man nie erfahren.

Doch es ist wahr, wir pfeifen wirklich auf das Meer. Man muss sich nur einmal die Reaktionen ansehen, wenn entdeckt wird –

und hin und wieder wird es entdeckt –, dass das Meer auch in Mondello ein einziges Gewimmel von Streptokokken und Staphylokokken ist. Die Stadtverwaltung verhängt ein Badeverbot, und was ändert sich bei den Bewohnern der Strandhütten? Nichts. Die Kartenspiele am Strand gehen weiter, die Auflaufformen mit den Nudeln kreisen nach wie vor unter den Sonnenschirmen, nur die Duschen ersetzen das Bad im Meer. Ein kleiner Teil der Einwohnerschaft hat daran etwas auszusetzen, aber die Mehrheit zieht es vor zu zeigen, dass man über solchen Widrigkeiten steht. Für eine Hütte am Meer zu bezahlen, obwohl das Meer praktisch fehlt, wird als normal empfunden. Sich beklagen, ja, immer. Doch protestieren wäre fehl am Platz, vielleicht sogar ein kleines bisschen vulgär.

Fährt man weiter die Küste entlang, kommt man zur Fossa del Gallo, wo das Meer noch nahezu sauber ist. Doch um das zu durchqueren, was auf der Karte als Naturschutzgebiet gilt, müsste man eine Mautgebühr an einen privaten Eigentümer zahlen. Naturschutzgebiet hin oder her, die Straße, die am Meer entlangführt, gehört ihm. Noch ein Stück weiter käme Sferracavallo, ein weiterer Küstenort, doch hier bricht die Straße ab, und es wäre nur recht und billig, wenn du dich an dieser Stelle müde und verzagt fühlen würdest, nachdem du entdeckt hast, dass es trotz aller Garantien, die die Kartografie liefern kann – abgesehen von den erwähnten Ausnahmen natürlich –, das Meer in der Stadt nicht gibt oder dass es nicht zu sehen oder dass es verschmutzt oder dass es Privateigentum ist.

Ich kann dich verstehen. Fast könnte man denken, du hättest recht, wenn du das Hotel nicht verlassen willst. Doch das stimmt nicht. Aus schwer erklärbaren Gründen stimmt es nicht.

8 Heilige, Berge und Gärten

Alle wollen zurück zur Natur. Aber keiner zu Fuß.
Andrew J. Wollensky

Die gleiche unbegründete Überheblichkeit, die die Bewohner der Stadt dem Meer gegenüber hegen, zeigen sie auch in Bezug auf öffentliche Grünanlagen. Auf diesem Terrain sieht man die Diskrepanz zwischen der familiären und der staatlichen Sphäre besonders deutlich. Wenn man durch die Straßen läuft, könnte man auf den ersten Blick denken, dass die Bewohner der Stadt nachlässig und dreckig sind und wenig Acht geben auf die Instandhaltung der Grünflächen oder die Sauberkeit im Allgemeinen. Doch diese Ansicht ist falsch, weil das Vorurteil sich nur auf den Zustand der Straßen und der öffentlichen Grünflächen gründet. Stattdessen müsste man eigentlich einen Durchschnitt errechnen, in den man auch die Sauberkeit und Instandhaltung der privaten Räume einbezieht, die sich sonst der Statistik entziehen. Der kleine Hausgarten oder die eigene begrünte Terrasse, die allen am Herzen liegen und um die sich alle kümmern, wenn sie können, sollten dabei unbedingt berücksichtigt werden. Um einiges über die Wesensart der Stadt zu erfahren, reicht es schon, sich die Balkone der Wohnhäuser anzuschauen, die fast immer sehr gut gepflegt sind. Oft zeichnen sie sich durch mindestens einen Frangipani aus, eine exotische Pflanze, die wir hier unter anderem Namen adoptiert haben, wie wir es immer tun, um Adoptionen jedweder Art hervorzuheben: Wir nennen sie hier jedenfalls *pomelia*.

Im Gegensatz zum privaten Grün werden die öffentlichen Gärten der Stadt als *res nullius* angesehen, als eine herrenlose Sache, und als solche schlecht behandelt. Selbst Parkbänke werden zerstört oder ausgerissen, um privat genutzt zu werden. Tatsächlich sind die aktuellen Bänke das Ergebnis einer solchen Evolution.

Die leichteren wurden innerhalb weniger Tage zertrümmert oder entwendet, weshalb sie Schritt für Schritt durch andere Modelle ersetzt wurden, die immer fester verankert und robuster werden, um wenigstens einige Wochen durchzuhalten. Die Randalierer fassen das jedoch als Herausforderung auf und haben es sich in den Kopf gesetzt, sie aus Prinzip – und mit immer schwererer Ausrüstung – alle kaputt zu machen. Heute ist die Evolution der Parkbank wenigstens in manchen Vierteln bis zu massiven Marmorblöcken fortgeschritten, die wie Grabsteine aussehen und wahrlich unbequem sind, aber um sie zu zerstören, bräuchte es schon einen Presslufthammer. Das heißt aber immer noch nicht, dass damit der Kampf endgültig gewonnen wäre.

Wozu braucht man im Übrigen eine Parkbank? Um sich bei der Betrachtung des Grüns draufsetzen zu können. Und wen kümmert das Grün? Wen kümmern die Gärten? Die Grünflächen der Stadt wirken wie kontingentiert und in gewisser Weise geschrumpft. Die Pfade durch den Englischen Garten und in vielen anderen Stadtparks sind mit Asphalt bedeckt, um vorzubeugen, dass jemand umknickt. Die Springbrunnen sind oft ausgeschaltet und ausgetrocknet. Die Rabatten aufs Notwendigste reduziert. Gemeinhin gilt die Freude am Grün als romantische Extravaganz, als ein Anflug von Schwäche. Es gibt Wichtigeres, Dringenderes, dem man Aufmerksamkeit und Hingabe schenken muss.

Nach der ersten aufflammenden Bestürzung wurde auch die Invasion durch den sogenannten Roten Palmrüssler verdaut. Dabei handelt es sich um einen parasitären Käfer, der im Laufe weniger Jahre das Aussehen der Stadt verändert hat, weil er alle Kanarischen Dattelpalmen, die hier häufigste Palmenart, vernichtet hat. Die Pflanzen starben eine nach der anderen, ohne dass jemand etwas dagegen tun konnte. Doch schließlich haben wir uns damit abgefunden und uns auf widerständigere Palmenarten verlegt. Und was soll's: Nichts ist für immer. Darüber hinaus ist die Stadt berühmt für ihr Durchhaltevermögen, mit dem sie jede Unannehmlichkeit abschwächt.

Tatsächlich sagen die Statistiken, dass es an Grün gar nicht mangelt, das Grün sich dafür aber stark auf wenige Orte konzentriert, von denen manche sehr groß sein können und alle eine eigene Identität und eine eigene Geschichte haben. In beliebiger Ordnung findet sich im Repertoire der städtischen Grünflächen zunächst der Parco d'Orleans. Es gibt dort die Regel, dass der Eintritt für Erwachsene ohne Kinderbegleitung verboten ist. Wenn du kein eigenes Kind hast, dann besorge dir ein geliehenes. Das könnte sich lohnen: Es handelt sich dabei um einen schönen Park, der sehr gut gepflegt wird.

Außerdem gibt es den Park Villa Giulia, der die südliche Grenze der Altstadt markiert. Bis zu Beginn der Siebzigerjahre beherbergte dieser Garten aus dem 18. Jahrhundert in einem Käfig einen Löwen, den alle unter dem Namen Ciccio kannten. Das Tier schlief die meiste Zeit und dann noch mehr, als er mit der Zeit alt wurde. Einmal schlüpfte ein junger Mann in den Käfig, um besonders witzig zu sein, und Ciccio revanchierte sich für all die Jahre in Gefangenschaft, indem er den Eindringling zerfleischte, der als leuchtendes Beispiel eines dummen Schlaukopfs in die Geschichte einging. Es schwammen vor einigen Jahren auch zwei Schwäne in einem Teich in der Villa Giulia. Man forschte nach, um zu ergründen, was aus den beiden Tieren geworden war, kam jedoch zu keinem Ergebnis. Also setzte man ein neues Paar aus, und nach drei Tagen verschwand auch dieses. Und noch eines und noch eines. Das entwickelte sich zu einer Art Stadtkrimi: Wer raubte die Schwäne der Villa Giulia? Nach dem vierten Mal organisierten die Parkwächter nächtliche Rundgänge, um den Teich im Blick zu behalten und herauszufinden, wer diesen Handel mit gestohlenen und wer weiß wohin weiterverkauften Schwänen angekurbelt hatte. Sie lagen auf der Lauer, bis sie die Täter schnappten. Es waren die Mitglieder einer armen Familie aus dem Stadtviertel, die sich damit rechtfertigten, dass sie die Schwäne nicht erbeutet hätten, um sie zu verkaufen, sondern um sie zu essen. Ein schönes Beispiel dafür, wie der öffentliche Raum aufgrund höherer Gewalt privat genutzt wird.

Genau neben der Villa Giulia befindet sich der Botanische Garten, von dem die Bewohner der Stadt immer sagen: der größte Europas. Gewiss handelt es sich hierbei um einen einzigartigen Park, allein wegen der Artenvielfalt, die er beherbergt, Arten aus aller Welt, die hier ein ideales Klima vorfinden, um miteinander zu leben und zu gedeihen. Der Eintrittspreis ist lächerlich niedrig, was tatsächlich dafür sorgt, dass mit Ausnahme einiger Schulklassen relativ wenige Leute hierherkommen, weswegen sich der Ort perfekt für einsame Meditationen eignet. Der enorme *Ficus macrophylla* verdient Erwähnung. Er ist der größte der Stadt und damit vermutlich der größte Europas. Seit einigen Jahren ist der Botanische Garten nicht mehr nur ein einfaches Pflanzenmuseum, nicht mehr nur schlichter Ort der Arterhaltung, sondern hat sich in ein Kulturzentrum von großer Anziehungskraft verwandelt. Dort finden Konzerte und Veranstaltungen aller Art statt, die nicht unbedingt in Verbindung mit Naturthemen stehen müssen. Es lohnt sich, auf das Literaturfestival *Una Marina di Libri* hinzuweisen, das im Laufe eines Jahrzehnts so gewachsen ist, dass es vielleicht das interessanteste Festival Süditaliens geworden ist, sicherlich aber das am schönsten gelegene.

Zu den eindrucksvollsten kleinen Grünanlagen zählt der Park der Villa Malfitano, Sitz einer Stiftung, die seine Unversehrtheit durch streng begrenzte Öffnungszeiten erhält. Dann gibt es noch den Park Villa Garibaldi an der Piazza Marina mit einem weiteren monumentalen Feigenbaum, der groß genug ist, um als grüne Lunge des gesamten Platzes zu fungieren.

Und es geht noch weiter: die Villa Trabia, eine *casena* aus dem 18. Jahrhundert, umgeben von dreiundfünfzigtausend Quadratmetern Parkfläche mit Statuen und Springbrunnen von Ignazio Marabitti, was alles auf wundersame Weise mitten in die schurkische Architektur der Fünfziger- und Sechzigerjahre hineingeklemmt ist. Heute ist die Villa Trabia frei zugänglich und besitzt noch hundertvierunddreißig der zweitausendsiebenhundertsechsundneunzig botanischen Arten, die Ende des 19. Jahrhunderts für die *Terre Rosse* katalogisiert wurden, wie man den Park auch nannte.

Einer städtischen Legende zufolge wurde die Villa Trabia nur durch eine List vor einer Zergliederung und Parzellierung gerettet. Der Fürst, der die *casena* bewohnte, erfuhr eines Tages, dass der Park geopfert werden sollte, um den damaligen Baudurst der Stadt zu stillen. Gemäß der Planungen sollte die Verlängerung der Via Santorre Santarosa genau durch die Parkmitte führen, was schon genügte, um das böse Wort heraufzubeschwören: Enteignung. Also ließ der Fürst exakt dort, wo die neue Straße verlaufen sollte, eine Marmorsäule errichten und auf die Spitze der Säule eine kleine Statue. Dann ging er zu einem seiner Freunde in der Oberaufsicht für Baudenkmäler, und der stellte die Statue innerhalb von nur einer Woche als Kulturgut von unschätzbarem Wert unter Denkmalschutz. So kam es, dass die Straße außerhalb des Parks endete und die Villa Trabia gerettet wurde. Eine schöne Geschichte, zweifelsohne. Doch leider erzählt man sie sich mit fast identischem Hergang auch über den Botanischen Garten, weshalb sie wahr, falsch, doppelt wahr oder doppelt falsch sein könnte.

Die große grüne Lunge der Stadt bleibt jedoch der Parco della Favorita. Früher war er ein Jagdrevier der Bourbonen. Wenn die königliche Familie die Insel besuchte, was nur vorkam, wenn sie von Ereignissen wie dem Einmarsch Napoleons dazu gezwungen wurde, zog man sich zu diesen Gelegenheiten bevorzugt ins Chinesische Schlösschen zurück, einem extravaganten Bauwerk am Rande des Parks, das Gegenstand häufiger und immer wieder unterbrochener Restaurierungsarbeiten ist. Hier begannen die königlichen Treibjagden, die sich eben im Parco della Favorita abspielten.

Nicht viele Städte können sich einer solchen Grünanlage rühmen, die mitten im Wohngebiet liegt wie der New Yorker Central Park. Dank seiner Größe erlaubt La Favorita den Stadtbewohnern, Atem zu schöpfen, und er rettet die Stadt in den Statistiken des Pro-Kopf-Grünaufkommens. Dennoch bleibt La Favorita für die Augen der Bewohner, die ihrem Park ziemlich wenig Beachtung schenken, nahezu unsichtbar. Sie durchqueren ihn eigentlich recht häufig, wenn sie nach Mondello fahren oder von dort zurückkommen, und dennoch vergessen sie ihn. Sie sind dermaßen unaufmerksam, dass jemand, der dies einkalkulierte, im Laufe der Jahre Mittel und Wege fand, einige Portionen des staatlichen Grüns zu umzäunen und sich anzueignen, um dort private Zitrusplantagen anzulegen. An La Favorita erinnern sich die Bewohner der Stadt für gewöhnlich nur am Ostermontag, wenn sie dort nicht nur ein Picknick veranstalten, sondern eher so etwas wie die Simulation einer Sommerfrische. Zu dieser Gelegenheit verlegen sie ihre gesamte Küche, ihr Esszimmer und die Schlafzimmer zwischen die Alleen des Parks. Idealerweise richten sie hinter einem Busch eine imaginäre Toilette ein, lassen sich dann häuslich nieder und bleiben bis zum späten Abend.

Selbst am Wochenende, wenn die Freizeit durchaus Spielräume zur Betrachtung der Natur gewährte, lässt man La Favorita eher schnell hinter sich, als dass man dort verweilt. Zwar führt die Straße nach Mondello durch dieses grüne Phänomen, doch ist ein Halt nicht ratsam, insbesondere nicht an Sonn- und Feiertagen, wenn La Favorita den Autos von einer menschlichen Fauna streitig gemacht wird, die aus Fußgängern, Joggern und Prostituierten besteht und aus etlichen schwer einzuordnenden Gestalten irgendwo dazwischen. Eine im Dickicht verborgene Population, die La Favorita Ähnlichkeit mit einem Märchenwald verleiht, dicht bevölkert mit hurenhaften Feen und mit Ogern, die Groß und Klein Schrecken einjagen.

Wozu La Favorita den Bewohnern der Stadt auch noch dient: Sie setzen dort ihre Hunde aus. Vielleicht deshalb, weil sich im Park das städtische Hundeasyl befindet und sie darauf hoffen, dass ihr Welpe dort adoptiert wird. Oder einfach nur deshalb, weil wir uns vorstellen, dass ein schöner Park mit so viel Grün ein idealer Platz sei, um im Stich gelassen zu werden, und weil wir darauf vertrauen, dass sich hier doch immerhin stets etwas zu fressen finde. Das hat zur Folge, dass sich zu der ohnehin schon beunruhigenden Population von La Favorita auch noch Meuten von verwilderten, ausgehungerten Hunden gesellen, die sich von den regelmäßigen Reinigungen des Parks nur schwerlich entmutigen lassen.

Ein ähnliches Niemandsland, eine gigantische, doch ebenso unsichtbare Masse und somit der x-te Beweis für die kollektive Kurzsichtigkeit in der Stadt ist der Berg, der La Favorita überragt und praktisch mitten in der Stadt beginnt, seit er in der Nachkriegszeit von der expansiven Besiedlung eingekreist wurde. Der Monte Pellegrino: Man kann ihn unmöglich übersehen, und doch sieht man ihn nicht. Oder falls man ihn sieht, beachtet man ihn nicht, auch deshalb nicht, weil zumindest eine der beiden

Zufahrtsstraßen wegen Steinschlags traditionell für den Verkehr gesperrt ist. *Theoretisch* gesperrt. Denn jenseits der Verbotsschilder und wackligen Absperrungen lautet die implizite Botschaft: »Ich, die Obrigkeit, sage dir, dass du hier nicht weiterfahren darfst. Wenn du doch fährst, tust du das auf eigene Gefahr. Und danach: Kannst du machen, was du willst.« Ein perfektes Beispiel für ein Land, in dem es an Regeln wahrlich nicht mangelt, im Gegenteil: Sie sind sehr streng, zahlreich, systematisch und sogar sehr deutlich formuliert. Aber sie zu respektieren ist eine ganz andere Sache, die mit den genannten Regeln nicht in Verbindung gebracht wird.

Der Monte Pellegrino ist das herausragendste orografische Wahrzeichen der Conca d'Oro, des Goldenen Beckens, in dem die Stadt liegt. Die Bewohner der Stadt loben es mit Goethes Satz, der über den Berg nach seiner Ankunft übers Meer sagte, es sei »das schönste aller Vorgebirge der Welt«. Wenn eine plötzliche Anwandlung von Stolz unser poetisches Gemüt ergreift, schaffen wir, die wir an seinen Hängen leben, es noch zweihundert Jahre später nicht, uns etwas anderes einfallen zu lassen als: *das schönste aller Vorgebirge der Welt*.

Auf dem Gipfel des Monte Pellegrino befindet sich die Wallfahrtskirche der städtischen Schutzheiligen Rosalia Sinibaldi, zu deren Ehren jedes Jahr mit größtem Prunk das sogenannte *festino* (Festchen) gefeiert wird. Dabei handelt es sich um eine dieser falschen Verkleinerungsformen, die wir benutzen, um zu verniedlichen, was eigentlich riesig ist – so wie bei *sparatina* (Schießereichen) oder *ammazzatina* (Mördchen). Als Vizekönig Caracciolo in seiner unbedachten aufklärerischen Art versuchte, Kosten zu sparen und das fünftägige *festino* um zwei Tage zu kürzen, fehlte nicht viel, und es wäre mal wieder eine neue Sizilianische Vesper ausgebrochen; und dieses Mal aus noch geringfügigeren Gründen.

Auf ein großes Fest könnten wir schon *per definitionem* verzichten, hier aber haben wir uns entschieden, unserer Genusssucht nachzugeben. Weil es uns am Notwendigen fast überall fehlt, aber es uns gefällt, das Überflüssige im Überfluss zu haben, gibt es sogar zwei Feste für die heilige Rosalia. Am 14. Juli findet das *festino* im engen Sinn statt, und am 4. September, dem Tag, der im Heiligenkalender tatsächlich Rosalia gewidmet ist, feiert man die sogenannte *acchianata* am Wallfahrtsort auf dem Monte Pellegrino. Zu beiden Festen werden das Heilige und das Profane vermischt, wie bei jedem sizilianischen Heiligenfest. Doch deutlich weltlicher ist das erste, gefühlt religiöser das zweite Fest. Es stimmt schon, dass sich Folklore und ein gewisser Sinn fürs Theatrale auch in diesem Aufstieg zu Fuß – also ganz in der Bedeutung des sizilianischen *acchianare* – entlang der *salitina* treffen, die Anfang September, wenn es noch ziemlich warm ist, bis zum Wallfahrtsort führt. Trotzdem glaubt man in der Stadt, die *acchianata* sei ein leiseres Ereignis als das *festino*. Das echte Fest feiert man im Juli, im Empfinden der Menschen repräsentiert eindeutig das *festino* die größte und bedeutendste Dramatisierung des Glaubens. Ein barocker Triumphzug, der sich in den Straßen der Stadt seit über vierhundert Jahren wiederholt und das prunkvollste Beispiel für die religiösen Widersprüche in Sizilien abgibt. Ende des 19. Jahrhunderts wurde das von Giuseppe Pitrè unterstrichen, der in seinem Buch über Heiligenfeste schrieb:

»Schon seit dem letzten Jahrhundert haben die illustresten Reisenden bemerkt, dass von den drei, vier, fünf Tagen an Aufführungen zu Ehren der heiligen Rosalia nur eine einzige religiöser Natur war, nämlich die letzte. Doch dieser Umstand ist nicht einzigartig oder selten in der Geschichte der Heiligenfeste in katholischen Ländern: Und bei den Feierlichkeiten zu Ehren der Schutzheiligen von Palermo gibt es auch etwas, das uns an sie erinnert, selbst in den Aufführungen, die, wie man heute sagt, weltlich sind oder scheinen, oder heidnisch, wie man noch bis gestern sagte.«

Diese Überlegungen klingen, als ob sie in unseren Tagen niedergeschrieben wurden, jetzt wo die Säkularisierung des Festes für die sogenannte *Santuzza* (ein weiterer sarkastischer Diminutiv, hier für den Heiligentitel *Santa*) weitgehend abgeschlossen ist. In der Nacht vom 13. auf den 14. Juli zelebriert man die Verehrung für Rosalia, die im Jahr 1624 die Stadt mit einer Taskforce aus vier Kolleginnen – Agata, Cristina, Ninfa und Oliva – vor einer Pestepidemie rettete und sich so auf ewig einen Platz im Herzen der Stadtbewohner sicherte. Einen Platz, dem weder die Zeit noch die voranschreitende Verweltlichung der Gesellschaft etwas anhaben konnten.

(In jüngster Zeit hat man Rosalia eine Art Stellvertreter zur Seite gestellt, San Benedetto il Moro, Benedikt den Mohren, der gut für die multikulturelle Seele der Stadt stehen könnte. Doch entgegen aller dirigistischen Absichten hat es San Benedetto noch nicht bis in die Herzen der Gläubigen geschafft. Jedenfalls nicht so weit, dass er der heiligen Rosalia Konkurrenz machen könnte. Zuerst muss eine Pest ausbrechen, er muss sie abwenden, wenn er's kann, dann wird man weitersehen.)

Das *festino* ist niemandem zu empfehlen, der an Zuständen leidet, die auch als Enochlophobie oder Demophobie bekannt sind: der Angst vor Menschenmengen. Trotz der oft erdrückenden Hitze füllen sich die Straßen der Altstadt mit unwahrscheinlichen Massen von frommen oder neugierigen Zuschauern. Man erzählt sich noch von einem Menschen, der zum *festino* durch die Straßen zog und einen leeren Kinderwagen schob, um sich im Vertrauen auf die Höflichkeit der anderen durchzukämpfen. Die Prozession oder, besser gesagt: der Umzug, folgt dem Wagen mit der Statue der *Santuzza*, der entlang der antiken Achse der Stadt, dem *Càssaro*, vom Normannenpalast bis zum Meer fährt. Auch der Bürgermeister nimmt als Schauspieler an der Aufführung teil. Er steigt in dem Moment auf den Wagen, wenn dieser auf dem Platz Quattro Canti hält. Dann legt der Bürgermeister mit einem Ruf der Verehrung Blumen zu Füßen der Heiligen ab und liefert sich dem Urteil des Volkes aus, wobei er durchaus Gefahr läuft, von einem Pfeifkonzert begrüßt zu werden. Dieses Spiel ist längst bekannt, und so kommt es an den Quattro Canti regelmäßig zur Konfrontation zwischen voreilig pfeifenden Menschen und einer eigens dafür rekrutierten Gruppe von Claqueuren. Und dieses Aufeinandertreffen, das schlicht ideologisch beginnt, kann schnell ziemlich körperlich werden.

Doch das *festino* ist nicht nur ein religiöses, politisches oder volkstümliches Fest. Die künstlerische Leitung des Ereignisses wurde in der Vergangenheit wichtigen Namen der Theaterwelt anvertraut, wodurch man den Wünschen der Volksseele nicht immer nachkam. So verwässert, heidnisch und widersprüchlich es auch ist, lässt sich ein gewisser Geist dieses Fests nicht leugnen. Ein Geist, der eher wie ein großer Kochtopf ist, in den alle etwas hineinwerfen wollen: Religiosität und Theater, Tradition und Moderne, Glaube und Prahlerei, Kultur und Politik.

Nach dem Genuss von *babbaluci* (Schnecken in einer Sauce aus Knoblauch, Tomaten und Petersilie) und *calia e simenza* (Kichererbsen mit Kürbiskernen) erreicht die Prozession das Foro Italico und damit den Höhepunkt des Fests, wo die Heilige mit einem großen ausgedehnten Feuerwerk begrüßt wird. Das Finale des Feuerwerks wird *masculiata* genannt. Es ist der lauteste und funkelndste Abschnitt. Dieser Augenblick ist so eindrucksvoll, dass *masculiata* im Dialekt zum Synonym für eine Aktion geworden ist, die gezielt und demonstrativ allgemeine Aufmerksamkeit auf sich ziehen soll. Das Feuerwerk ist der Teil des Fests, der selbst den nüchternsten Menschen gefällt, die aus Snobismus oder Distanz zum Religiösen der Prozession nicht so gerne folgen. Durch die Weitläufigkeit des Foro Italico kann man der allzu erstickenden Umarmung der Menschenmassen entkommen, und die Szenerie des Feuerwerks, dem man am Meer zusieht, zeigt dann eine nicht zu leugnende Wirkung, weshalb sich das Publikum aller sozialen Klassen genau hier einfindet. Die Qualität des Feuerwerks ist das Entscheidende für die Beurteilung, ob das *festino* gelungen ist, die eigentliche Prüfung. Ein Flop, und sei er auch nur meteorologischen Faktoren geschuldet, kann jederzeit dazu führen, dass das wunderbare Band zwischen den Bürgern und dem Bürgermeister reißt, der in jedem Fall die moralische Verantwortung trägt.

Wenn das Fest schließlich an sein Ende kommt, bleibt der Wagen der *Santuzza* oft auf dem Foro Italico direkt am Eingang zum Viertel La Kalsa ausgestellt, und an den Abenden Ende Juli kommen die Familien, um ihn zu bestaunen, während sie mit einer Scheibe kalter Wassermelone in der Hand etwas Abkühlung in der Hitze zu suchen. Den Soundtrack dazu liefern die Generatoren der Straßenverkäufer, die um den ausgestellten Wagen noch wochenlang ihren Jahrmarkt veranstalten, als wollten sie dem *festino* eine lange, erschöpfte Coda anhängen.

Abgesehen vom 14. Juli ist der wichtigste Ort der *Santuzza*-Verehrung für den Rest des Jahres der Gipfel des Monte Pellegrino.

Dort ist eigens eine Grotte in den Altarraum eingelassen worden, die von Opferkerzen hell beleuchtet wird, sehr stimmungsvoll. Dort befindet sich im Innern eines funkelnden Schreins die Statue der Heiligen. Rosalia ruht halb aufgerichtet auf dem Ellbogen und hat ihren Kopf in eine Hand gestützt. Rings um sie her sind auf dem Boden viele Münzen und Geldscheine verstreut. Ja, sogar sehr viele, sodass der Boden gar nicht zu sehen ist. Auch goldene Feuerzeuge, Ringe und Uhren, die im Eifer der Anbetung zurückgelassen wurden, liegen dort. An den Wänden der Grotte hängen Votivgaben: silberne Nasen, Brüste, Füße, je nachdem, welcher Körperteil durch ein Wunder geheilt wurde.

Die Atmosphäre ist so mystisch, dass sich die Augen, kaum dass sie sich an das Dämmerlicht gewöhnt haben, unweigerlich gen Himmel richten, wo der obere Teil der Grotte fast vollständig mit einem Aluminiumgeflecht aus großen und kleinen Regenrinnen bedeckt ist, die ebenfalls aussehen, als wären sie aus Silber. Sie sollen Wassertropfen dorthin umleiten, wo sie weniger Schaden anrichten können, fort von den Köpfen der Besucher. Doch auch das Wasser wird für wundertätig gehalten, daher gesammelt und einer andächtigen Wiederverwertung zugeführt.

Du solltest unbedingt losgehen und dir diese Grotte ansehen, ebenso wie den Monte Pellegrino, La Favorita und all die anderen Grünanlagen der Stadt. Denk daran, dass die Zeit vergeht. Zwing dich daran zu glauben, dass dich jenseits deines Hotels eine Stadt voller kleiner und großer Geschichten erwartet, die es verdienen, gehört zu werden.

9 Elend und Adel

Etwa zweitausend adlige Familien und viele von zweifelhaftem Adel hatten sich im 18. Jahrhundert hier niedergelassen: Und wenn man von 102.106 Seelen die Herren abzieht, was sollen die verbleibenden Seelen anderes sein als Diener. Leonardo Sciascia

Sciascias Urteil aus seinem Roman *Man schläft bei offenen Türen* klingt fast, als gäbe es keinen Ausweg, weder für die Aristokratie noch für das Volk. Es müsste lediglich an unsere Tage angepasst werden: Wenn man alle Zahlen einbezieht, weist die Stadt heute fast zehnmal mehr Einwohner auf als zu Sciascias Zeit. Zugegeben, die Aristokratie zählt unverändert weiter zweitausend Familien, ihnen muss man noch die Eliten der Regional-, Provinz- und Kommunalverwaltung und all die Honoratioren hinzurechnen, die ihre verschiedenen Titel der Demokratie zu verdanken haben. Wollen wir also sagen, fünftausend mächtige Familien? Und auch heute noch würde Sciascia sagen: Was sollen die verbleibenden Seelen, wenn man die Herren abzieht, denn anderes sein als Diener?

Die Dynamiken sowohl in der alten als auch in der heutigen Aristokratie verdienen ein eigenes kleines Kapitel, weil beide – auf die eine oder andere Weise, im Guten wie im Schlechten, vor langer oder nicht so langer Zeit – den Motor der Leblosigkeit der hiesigen Wirtschaft verkörpern. Denn in Ermangelung eines stabilen, sich seiner selbst bewussten Bürgertums muss man sich an diese privilegierten Kreise wenden, um wenigstens ein paar Krümel abzubekommen.

Historisch gesehen war es so, dass die großen Familien in die regionale Hauptstadt zogen, sobald sie ihr Ansehen über die entsprechenden Lehnsgüter gefestigt hatten, um hier zwei prestigeträchtige Wohnstätten zu errichten: einen Palazzo im Zentrum und eine Villa in den Hügeln im Norden oder in Bagheria im Süden, wo sie Zuflucht vor der Sommerhitze suchten. Zwischen Festen und prunkvollen Wettkämpfen verbrannte der urbanisierte Adel die aus dem Großgrundbesitz angehäuften Mittel, weswegen die Adligen von der Bevölkerung in den jeweiligen Provinzen erbittert gehasst wurden, wo man vergeblich hoffte, in den halbverlassenen Orten eine Möglichkeit zur Überlebenssicherung zu finden. Die Rivalität zwischen Stadt und Land war kein geringfügiger Konflikt, wenn man bedenkt, dass diese Verschwendung von einer übergroßen Zahl an Familien verursacht wurde, die sich untereinander in der Zurschaustellung des Prunks zu überbieten suchten. In Sizilien, und demnach auf konzentrierte Weise in unserer Stadt, zählt man noch heute mehr Fürsten als im Rest Italiens. Die spanischen Herrscher müssen irgendwann einmal das Dekret *Todos caballeros* – »Alles Edelmänner« – formuliert haben, und die Sache muss danach ziemlich aus dem Ruder gelaufen und in kaum abgemilderter Form im Heute angekommen sein. Dies hat für Ressentiments gesorgt, die über einfachen Lokalpatriotismus weit hinausgehen. Das wiederkehrende Thema lautet »Die Stadt gegen alle«, was in der Stadt-Ikonografie eine selbstmitleidige Umkehrung findet: Das Symbol der Stadt ist der sogenannte Genius, der als Herrscher auf dem Thron mit einer Schlange dargestellt wird, die ihm in die Brust beißt. Der Leitspruch lautet: *conca aurea suos devorat alienos nutrit*, die Conca d'Oro frisst ihre eigenen Kinder und nährt die Fremden. Ein enigmatischer Satz, für den es verschiedene Interpretationen gibt.

Abseits der Aristokratie hat sich der Rest der Bevölkerung Jahrhundert um Jahrhundert mit einem ambivalenten Gefühl geplagt: einerseits Groll, andererseits Unterwürfigkeit. Man besitzt hier eine Schwäche für alles Heraldische, und der Respekt vor jedweder Form von Macht ist weit verbreitet. Sogar einen Corso Alberto Amedeo gibt es: eine Hauptstraße, gewidmet einem Kadetten aus dem Hause Savoyen (Herzog von Genua und Sohn von König Karl Albert), der, nachdem er hier etwas Luft geschnuppert hatte, im Jahr 1848 die Krone abgelehnt hat, die ihm die Sizilianer mit einer Delegation spontan angeboten hatten. Vielleicht ist dieser Straßenname der beste Beweis für unseren Untertanengeist.

Seit der Nachkriegszeit ist das blaue Blut ziemlich verwässert worden, teils weil die Geldmittel aus dem Großgrundbesitz zur Neige gingen, teils durch das Aufkommen der parasitären bürgerlichen Klasse regionaler Abstammung, die im Tausch gegen Adelstitel einen ganz neuen Fluss an Reichtum garantierte. Das Phänomen, das Tomasi di Lampedusa im *Leoparden* mit der Figur des Calogero Sedara angedeutet hatte, dem Parvenü, der ausersehen ist, die Macht von der Familie Salina zu übernehmen, hat sich in der unmittelbaren Nachkriegszeit massiv bestätigt; mit dem einzigen Unterschied, dass es nun nicht mehr darum ging, den Großgrundbesitz zu verwalten, sondern die öffentlichen Angelegenheiten der Region. Diese Machtübertragung basiert darauf, dass die Mehrheit der Adligen die Vorstellung, sich die Ärmel hochzukrempeln und tatsächlich zu arbeiten, bis heute ordinär findet – mit einigen glücklichen Ausnahmen (Tasca, Planeta und einige andere), die im Winzergewerbe ihre Emanzipation gefunden haben. Doch das war ein beschwerlicher Weg, auf dem man im Lauf der letzten hundert Jahre mit einigen kleinen Erdrutschen nur langsam vorangekommen ist. Cosima Wagner hat den Adel nach der Vereinigung Italiens in ihrem Tagebuch, das sie führte, während sich ihre Familie in der Stadt aufhielt, sehr gut beschrieben. Zu Beginn wohnten Richard Wagner und Familie – eine vielköpfige Familie, zu der auch Sekretäre und Gouvernanten zählten – im Hotel delle Palme: auf einer ganzen Etage des Hotel delle Palme. In dieser ersten Phase gab es eine Reihe von Annäherungsversuchen seitens der örtlichen Aristokratie, die die Anwesenheit – und der lange Aufenthalt – des deutschen Genies in der Stadt neugierig gemacht hatte. Die Annäherungsversuche wurden von Cosima im Auftrag des Patriarchen allesamt abgewiesen. Wohlgemerkt: Die örtliche Aristokratie hatte die Vorstellung, der illustre Gast müsse ein Genie sein, gutgläubig angenommen, denn in den Theatern der Stadt war zu diesem Zeitpunkt nie auch nur ein Akkord aus Wagners Werk erklungen. Jedenfalls lehnten die Wagners mehr als einen Monat lang jede Avance ab. Bis das Genie die erste Hotelrechnung erreichte, die über alles

Vorstellbare hinaus übertrieben hoch war. Nach einem Blick auf die Zahlen wurden die Einladungen der städtischen Aristokratie angenommen, besonders die der Familie Tasca, die eine erste voll ausgestattete Villa zur Verfügung stellte. Die jedoch schien Cosima unangemessen, sodass sie eine zweite anboten, die im Viertel Porrazzi lag, ungefähr am Ende des heutigen Corso Calatafimi. Im Streit der Höflichkeiten waren auch die Wagners gezwungen, dem Reiz der Aristokratie zu erliegen, schließlich heiratete eine Tochter Cosimas sogar einen Gravina, also aus einer sizilianische Familie hochadligen Ursprungs, wenngleich sie inzwischen im Niedergang begriffen ist.

Die Vermischung der sozialen Schichten hatte schon begonnen und schritt weiter voran, sogar einschließlich einer Minderheit von aufgeklärten Aristokraten. Zu dieser Minderheit wird der Baron Pietro Pisani gerechnet. Er war ein leidenschaftlicher Dilettant in Archäologie und Psychiatrie, außerdem strenggläubiger Musik- und speziell Mozartliebhaber. Pisani besaß einen Abschluss in Jura, mit dem er wohlwollend der väterlichen Autorität nachgegeben hatte, obwohl er ihn später zusammen mit jeder Rechtsvorstellung so schnell wie möglich wieder vergessen hat. Er war gemäß den Gepflogenheiten verheiratet und hatte einen geliebten Sohn, den ihm das Schicksal im Jahr 1815 entriss. Dies markierte den entscheidenden Wendepunkt im Leben des Pietro Pisani, der von da an in einen Abgrund aus Melancholie stürzte. Es steht fest, dass er mindestens einmal versuchte, sich das Leben zu nehmen, und im letzten Moment von seinen Angehörigen gerettet wurde. Von da an wollte er sich vor allem den Ausgrabungen widmen, die einige englische Archäologen in Selinunte durchführten. Als die englischen Freunde den gleichen Trick versuchten, der ihnen bei den Parthenon-Überbleibseln gelungen war, gehörte Pisani zu denjenigen, die eingriffen, um den Abtransport der Metopen zu stoppen, die schon fertig verpackt und eingeladen waren, bereit, zu verschwinden und im Londoner British Museum zu landen.

Pisani war ein vielseitiger Dilettant und in der Lage, zwischen zahlreichen Interessen hin und her zu schweben. Ein weiteres vorherrschendes Interesse Pisanis galt der Psychiatrie, die er studierte und praktizierte, bis er in der Leitung der Real Casa de' Matti (dem Königlichen Irrenhaus) landete. Auch Alexandre Dumas wollte während seines Aufenthalts in der Stadt dieses avantgardistische psychiatrische Krankenhaus besuchen, von dem in ganz Europa fabuliert wurde. Ein Beispiel: Als ein Patient der Real Casa einen Aufseher umbrachte, der ihn schlagen wollte, ließ der Baron eine Art Votivkapelle mit dem Bild des Mörders und einer Inschrift zur Erinnerung an dieses Ereignis entwerfen, die sich wie ein Lob des Verbrechens las. Schon dieses Denkmalvorhaben lässt einen an die auffällige Osmose denken, die das Verhältnis von Psychiater und Patienten oft kennzeichnet.

Pietro Pisani starb an der Cholera, die im Jahr 1837 in Sizilien grassierte. Genau zu der Zeit, als der übrige Adel in seinen Häusern außerhalb der Stadt Schutz vor der Seuche suchte, wollte er sich in der Real Casa de' Matti verbarrikadieren, wo er zuerst das letzte bisschen Vernunft und dann seine Lebensgeister aufgab.

Er traf nur wenige Leute, war jedoch eng mit dem Geistlichen und Dichter Giovanni Meli befreundet, an dessen Seite er sich in einer der Wandmalereien im Theater der Musikhochschule Buon Pastore darstellen ließ. Pisani leitete auch diese Institution einige Jahre lang und ließ dort das eigentliche Meisterwerk seiner Existenz aufführen: eine Privatvorstellung von Mozarts *Zauberflöte*, die absolut erste Aufführung in der Geschichte der Stadt. Weil er verstanden hatte, dass er niemandem trauen konnte, machte Pisani alles selbst. Er übersetzte das Libretto der *Zauberflöte* – aus dem Lateinischen, weil er kein Deutsch konnte. Danach arbeitete er fieberhaft als Agent, um die nötigen Künstler zu kontaktieren und unter Vertrag zu nehmen, wobei er die besten auswählte, die der hiesige Markt zu bieten hatte. Er bezahlte die gesamte Kompanie aus Sängern, Chor, Orchester, Bühnenbild, Kostüm und sogar einige Komparsen komplett aus eigener Tasche.

Selbst wenn man zugesteht, dass es sich um ein Kammerorchester handelte und die Aufführung konzertant war, dürfte das Vorhaben, auch aus ökonomischer Sicht, nicht ohne gewesen sein. Pisani selbst »überwachte und dirigierte die Umsetzung« während der Proben, wohingegen er am Abend der ersten und einzigen Aufführung in einem Sessel sitzen und das Spektakel in völliger Einsamkeit genießen wollte. Was auch immer er mit diesem Vorhaben beweisen wollte, hat er erfolgreich bewiesen, aber vor allem zeigte er, dass er wirklich der »oberste Irre Siziliens« war, als der er sich selbst bezeichnete.

Der abenteuerlichste Fall sozialer Amalgamierung ist jedoch etwas jüngeren Datums und betrifft eine Familie, die etwas sichtbarer ist, die Lanza. Die folgenden Ereignisse spielten sich in der ersten Hälfte des 20. Jahrhunderts ab. Die Protagonisten namens Raimondo und Galvano waren Brüder und auf verschlungenen Wegen zu ihren Fürstentiteln gekommen. Die beiden waren aus der Verbindung von Giuseppe Principe di Trabia mit einer anderweitig verheirateten Dame hervorgegangen. Die Jungen Raimondo und Galvano wurden von ihrer Großmutter aufgezogen, die den Gedanken nicht ertrug, dass die Kleinen ohne Adelstitel aufwuchsen, weshalb sie eines Tages zu Mussolini ging und ihn um eine Art heraldische Fürsprache bat. Mussolini überredete daraufhin seinerseits den König zum Erlass eines Gesetzes, das nur vierundzwanzig Stunden in Kraft war, eine geöffnete Hintertür, die sofort wieder geschlossen wurde und durch die lediglich die beiden Jungs schlüpfen konnten, die von nun an nicht *Lanza Principi di Trabia* hießen, sondern – man beachte den Unterschied – *principi Lanza di Trabia.* Das sieht aus wie ein Nichts, ist jedoch alles, wenn man an bestimmte Details glaubt. Und hier in der Stadt glauben praktisch alle daran.

Jedenfalls wuchsen und gediehen die beiden Neufürsten und bewegten sich in den Zwischenkriegsjahren sowohl innerhalb als auch außerhalb der aristokratischen Kreise, wo sie insbesondere zu Anfang wie zwei Eindringlinge angesehen wurden. Die Verachtung wurde im Übrigen erwidert. Vor allem Raimondo war durch seinen extrovertierten Charakter das genaue Gegenteil der Klasse, die ihn nur widerwillig adoptiert hatte. Zahllos sind seine häufig von einer Aura des Legendären umgebenen Abenteuer. Einmal landete er auf der Titelseite der *Domenica del Corriere*, weil er sich mitten in der Stadt duelliert hatte, als Duelle bereits als Absonderlichkeiten aus vergangenen Zeiten galten. Später ging er im Auftrag des faschistischen Politikers und Diplomaten Galeazzo Ciano, dessen enger Freund er war, als Spion nach Spanien. Oder vielleicht hatten ihn auch die Amerikaner geschickt. Wie dem auch sei: Er ging nach Spanien, um zu sehen, was dort geschah, kämpfte auf einer der beiden Seiten und erhielt am Ende sogar einen Orden. Fest steht immerhin, dass der amerikanische Kommissionär der Alliierten Streitkräfte, Charles Paletti, mit seinem Hauptquartier in die Villa Trabia – Erbbesitz der Familie – einzog, als die Alliierten in die Stadt kamen. Allem Anschein nach war Raimondo daran gelegen, ihn als Gast aufzunehmen, bevor dieser sich als Besatzer bezeichnen konnte.

Von allen Quellen wird den beiden Brüdern Raimondo und Galvano übereinstimmend eine natürliche Neigung zur Lebensfreude bescheinigt, ein Ideal, in dessen Dienst sie ihr ganzes Dasein stellten. Raimondo, der großspurigere der beiden, steuerte nicht nur Flugzeuge, sondern auch schnelle Autos, spielte Karten und fand Gefallen daran, bei den würdevollsten Mitgliedern seiner Kaste Anstoß zu erregen, indem er die Konversation mit vulgären Schimpfwörtern spickte. Irgendwann vertrieb er sich die Zeit auch damit, für ein Jahr den Präsidenten des Fußballklubs der Stadt zu spielen. Man erzählt sich, er habe den Transfermarkt von seiner Badewanne aus dirigiert, in der er lag, wenn er die Unterhändler der anderen Mannschaften empfing.

Doch vor allen Dingen hatte Raimondo eine Schwäche für Frauen. Es heißt, auch Rita Hayworth und Evita Perón hätten zu seinen Geliebten gehört. Er heiratete die Schauspielerin Olga Villi, die in dem Ruf stand, sich auf den schönsten Beinen Italiens zu bewegen. In der Villa Trabia empfing man in Zeiten, die sich in der Erinnerung überlagern, Tazio Nuvolari, Joan Fontaine, Clark Gable, die Mussolini-Tochter Edda Ciano, Aristoteles Onassis und Königin Elena. Unter den legendären Gästen war auch Errol Flynn, der aus Übersee gekommen war, um in Arenella einen Mantel-und-Degen-Film zu drehen, *Der Freibeuter*. Und was nun wirklich wie ein Märchen klingt, scheint tatsächlich wahr zu sein: Errol Flynn in Arenella.

Die Geschichte von Raimondo Lanza di Trabia endete schließlich mit einem Sprung aus einem der oberen Stockwerke des Hotels Eden in Rom. Er sprang so, wie er war, splitterfasernackt. Es heißt, er habe kurz zuvor erfahren, dass er sich sein bis dahin schönes Leben nicht mehr leisten konnte. Seine Ländereien waren schon seit Langem nicht mehr ertragreich und auch der große Thunfischfangplatz von Trabia und die Schwefelgruben von Pasquasia nicht. Die Erben haben jedoch nie aufgehört, eine andere Geschichte mit merkwürdigen Verwicklungen zu erzählen, die besagt, dass Don Raimondo auf der Terrasse des Eden *dazu gebracht wurde, zu springen*, und auch diese Geschichte klingt wahrscheinlich. Nach Raimondos Tod schrieb der Liedermacher Domenico Modugno in seinem Andenken den berühmt gewordenen Song *Vecchio frack*.

Mit dem Voranschreiten der Zeit und der Vermischung des Blutes blieb auch den Unbeugsamsten der Aristokratie nichts anderes übrig, als die eigenen verbliebenen Privilegien zu retten, indem sie sie in einem undurchdringbaren Panzer verschlossen. Noch heute kommt es gelegentlich vor, dass die Zeitungen sich ein Individuum herauspicken und es so porträtieren, wie es das Klischee vom »letzten Leoparden« will. Allerdings sind von diesen letzten Leoparden schon mindestens zwanzig vorübergezogen. Einer von ihnen hat bis Ende der Siebzigerjahre gelebt. Er war die Verkörperung der dunkelsten Aristokratie und von einer derart finster-esoterischen Aura umgeben, dass man sie schon unheilvoll nennen musste. Der sogenannte »Zauberfürst« hieß Raniero Alliata di Pietratagliata und war der letzte Abkömmling der Fürsten des Heiligen Römischen Reichs, immerhin. Auf einer der seltenen Fotografien sieht man ihn in seinem großen Haus in der Via Serradifalco mit den Händen in den Taschen und einer zu kurzen Krawatte. Vor dem Hintergrund dessen, was wir über ihn wissen, ist sein Blick ernst, geradezu besorgniserregend. Er lebte in einer Art Hausburg, die von einem großen Park umgeben war, in einer Gegend, die bis in die Nachkriegszeit noch fast ländlich war. Er wohnte halb eingesperrt in diesem mysteriösen Haus, wo er Insekten und jenseitige Erscheinungen sammelte. Esoterik war – genauso wie Morphinismus – eine Mode, auf die sich die städtische Aristokratie Ende des 19. Jahrhunderts stürzte, um die Langeweile zu besiegen, die sich in ihre dauerhaft dem Müßiggang anheimgefallenen Leben eingeschlichen hatte. Doch Raniero Alliata war mehr als nur ein Dilettant: Die Rede ist von Séancen, Geisterbeschwörungen und

Zeichnungen, die mysteriöserweise auf mit Asche bedecktem Papier auftauchten. Er verfügte über ein ganzes Arsenal an Zaubertricks, in die er seinen jungen Neffen einweihen wollte, den er Papilio nannte, wie einen der Schmetterlinge, die er in seiner Sammlung aufgespießt hatte. Der Onkel zeigte seine Zaubertricks und bezog seinen Neffen wenigstens als Zuschauer mit ein. Er hegte für ihn jene Zuneigung, die kinderlose Männer eines gewissen Alters manchmal an Kindern anderer Menschen auslassen, wobei er die Schwelle zur Unterwerfung deutlich überschritt und so weit ging, dass es dem Straftatbestand der Kindesentführung schon nahekam. Nicht selten endet diese Art Beziehung mit einer Adoption, damit das eigene Vermögen nicht verloren geht.

Raniero Alliata war ein mürrischer Mensch. So mürrisch, dass er am Tor vor seinem Haus ein Schild mit der Aufschrift »Meine Freunde seien gegrüßt, meine Verwandten verdammt« und daneben ein Bild des Teufels hängte, um seine Intention noch klarer zu machen. Und von seinen Verwandten ist ihm auf lange Sicht tatsächlich einzig der junge Papilio geblieben, der von der weißen Magie und vom obskuren Schein der schwarzen angezogen wurde, die ihm der Onkel gelegentlich vor Augen führte. Alliata vertraute dabei darauf, dass besonders für junge Menschen die Faszination, die von den Mächten des Bösen ausgeht, dauerhafter und stärker ist als die Mächte des Guten.

Papilio folgte ihm mit Ehrerbietung, nur selten begehrte sein jugendlicher Stolz auf. Der Onkel und Fürst verlangte von ihm blinden, unverzüglichen und absoluten Gehorsam bei seinen Extravaganzen. Er ging sogar so weit, dass er ihn in die Geheimnisse der Liebe einführen wollte, indem er ihn in die Arme eines mindestens ebenso ahnungslosen Mädchens warf. Doch der Neffe lehnte ab und forderte so das Recht zurück, selbst zu entscheiden, welche Wege er in seinem Leben einschlagen wollte. Doch den Rest der Zeit bewegte sich dieses seltsame Paar aus Onkel und Neffe unisono durch die dunklen Räume der Villa Alliata. Der Junge folgte seinem Onkel bis zur hundertsten extremen Teufelserscheinung, die ihn schließlich zur Flucht trieb, begleitet vom Ruf: *»Fùiri è briògna, ma pure sarbamentu di vita«* – »Zu fliehen ist eine Schande, aber dafür immerhin die Rettung«.

Von da an blieb der Zauberfürst allein. Er war mit einer Norwegerin von geringer Körpergröße verheiratet gewesen (die er heiratete, nachdem sie sich in Brand setzen wollte, um ihm ihr Verlangen nach einer festeren Bindung zu beweisen), aber sie war schon einige Jahre zuvor verstorben. Die wenigen verbliebenen Freunde hatten sich vor längerer Zeit von ihm entfernt. Arm und einsam warf sich Raniero in die letzte Schlacht seines Lebens, die gegen die Immobilienspekulation. Sein Entschluss, in Abgeschiedenheit zu leben, war mindestens unterstützt worden durch eine Tracht Prügel am Spieltisch, die letzte in einer langen Reihe. Und weil Insektensammlungen und Zauberpraktiken keinen Gewinn abwerfen, wurde der große Park um das Haus stückweise an andere abgetreten. An die Schakale, an die Hyänen, wie Tomasi di Lampedusa sagen würde. Durch die Ausbeutung des Anwesens begann sich der Park zu zersetzen, paradoxerweise befeuert durch den Fürsten selbst, der in ständiger Not lebte.

Hinter den Fenstern seines Hauses verbarrikadiert, ertrug Raniero die Schande, auf seinem Boden erst Baustellen und dann Häuser entstehen zu sehen. Er bemühte sich, die Kräfte des Bösen gegen die Baulöwen und seine Nachbarn zu entfesseln, aber allem Anschein nach waren die eher aufseiten des Neuen, das unerbittlich voranschritt.

Er beschwor den Tod der Usurpatoren herauf, doch den Tod fand zuerst er selbst, der auch Theorien über die eigene Unsterblichkeit aufstellte und daher sowohl Heilmittel als auch die Niederschrift eines Testaments ablehnte. Das war im Herbst 1979. Heute liegt die Via Serradifalco in einem Viertel voller in größter Eile errichteter Häuser. Doch wenn man dort vorbeigeht und genau hinsieht, kann man ein kleines Tor erspähen. Und hinter diesem Tor steht da noch immer die verlassene Villa, umgeben von der gleichen mysteriösen Aura wie früher.

Dezimiert vom Fortgang der Moderne, mussten sich die großen Namen der städtischen Aristokratie alle ein wenig anpassen, ihre Ansprüche herunterschrauben und die Durchmischung der sozialen Schichten akzeptieren, und zwar so weit, dass die Grenzen zwischen den Schichten heute deutlich verwischter sind: Manche Bürger gebärden sich als Adlige, und viele Adlige leben wie Bürger.

Lieber Reisender, wenn du früher oder später das Glück haben solltest, dich selbst unter die Bewohner der Stadt zu mischen, wirst du entdecken, dass dir diese Geschichten wie Sand in die Augen gestreut werden, um das Wesentliche zu verbergen. Und das Wesentliche ist, dass heute nicht mehr die Aristokratie die eigentliche Macht über die Stadt besitzt, sondern eine neue amphibische, abgesonderte Klasse, deren einzelne Vertreter ausgesprochen schwierig aufzuspüren und nicht immer lupenrein in ihrem Vorgehen sind.

10 Kicken gegen die Dekadenz

Palermo ist wie alle Hauptstädte jener Völker, die es nie zur Nation gebracht haben. In Palermo ist die Korruption etwas Körperliches, Handgreifliches und Ästhetisches: eine wunderschöne Frau, heruntergekommen, von schlechten Körpersäften aufgedunsen, mit schwarzen Nägeln und doch immer noch geheimnisvoll schön. Palermo ist die Geschichte Siziliens, mit all ihren Gemeinheiten und all ihren Heldentaten, ihren Enttäuschungen, Rasereien, Niederlagen, Rebellionen. Palermo ist Spanien, die Mauren, die Schwaben, die Araber, die Normannen, die Anjou. Kein Ort ist sizilianischer als Palermo, und doch wird Palermo von den Sizilianern nicht gemocht. Die Bewohner des Inselwestens unterwerfen sich, weil sie nicht anders können. Sie erkennen ihr Untertanentum an, aber Bürger würden sie nie sein wollen. Die im Osten hingegen sagen, dass sie nachgerade zu einem anderen Menschenschlag gehören: dort die Sikaner und hier wir Sikulier.

Giuseppe Fava

Da in dieser Stadt nicht einmal die Trümmer des Zweiten Weltkriegs weggeworfen werden, müssen irgendwo in einer Ecke des Viertels L'Albergheria oder zwischen zwei Häusern im Borgo Vecchio noch ein paar Girlanden mit rosa-schwarzen Fähnchen aus dem Jahr liegen, als der rosa-schwarze Fußballklub (wegen der Klubfarben *Rosaneri* genannt) zuletzt in die Serie A aufstieg. Denkwürdige Tage, ein phantastisches Jahr. Wie viel Zeit ist seit dieser hervorragenden Saison vergangen? Das wirst du besser wissen als ich, wenn du sämtliche Fußballgeschehnisse verfolgst. Aber vielleicht bist du ja eine Reisende, die Fußball nur in einem gewissen Ausmaß interessant findet. Das wäre schade: Viele Dinge in dieser Stadt sind anhand der hiesigen Fußballleidenschaft besser zu verstehen, da wir in dieser Herzensangelegenheit das Beste und das Schlechteste an uns ausagieren. Vor allem Ambitionen und Depressionen.

Die übriggebliebenen Girlanden und Fähnchen hatten mittlerweile Zeit genug, um von der Sonne ausgeblichen, von Unwettern verfilzt zu werden und sich in seltene, an einer Schnur hängende Plastiklappen zu verwandeln. Sie sind der melancholische Beweis dessen, was von der Liebe bleibt. Der Liebe zwischen der Stadt und Maurizio Zamparini, der zusammen mit Bürgermeister Orlando der letzte große Herrscher war, ein würdiger Erbe der Araber und der Anjou: zuerst empfangen als Retter der Heimat und dann verschmäht als der allerletzte Lump. *Sic transit gloria mundi*, vor allem, wenn man von Ruhm im Fußball spricht. Es ist eine sehr italienische Einstellung, sich dem »Mann der Vorsehung« anzuvertrauen. Man findet sie in der Stadt besonders deutlich in den schönen Momenten, die geradezu berauschend werden, und in den hässlichen Momenten, die sich in einen Abgrund der Verzweiflung verwandeln. Mittelwege gibt es nicht, und dies gilt nicht nur für den Fußball.

Es wäre gut gewesen, hätte Klubbesitzer Zamparini sich nicht daran berauscht, als sie ihn wie den Erben Friedrichs II. behandelten, und noch besser wäre es gewesen, hätte er sich nicht über die zeitweiligen Unterbrechungen der Liebe vonseiten der jahrelang mitgeschleppten Fans beklagt, die zum emotionalen Paket dazugehören, das man zusammen mit den Anteilen am Verein erwirbt. Falls er auf der Suche nach einem ausgeglicheneren Gefühlshaushalt war, hätte er sich lieber Grashoppers Zürich kaufen sollen.

Vor der Ära Zamparini war die Fußballgeschichte der Stadt sportlich gesehen eher holprig und in administrativer Hinsicht reich an kleinen und großen Skandalen: von Freikarten für Granden der Cosa Nostra aus abwärts (oder aufwärts, je nach Sichtweise). Einer der Vereinspräsidenten, Parisi, wurde von Mafiosi in einem Hinterhalt ermordet. Ein anderer Präsident, Gambino, starb im Gefängnis. Ein paar weitere haben wenigstens kurze

Haftstrafen verbüßt. Geht man den Stammbaum der Vereinsführung durch, findet man nur selten knospende Zweige der Tugend: Barbera, La Gumina und wenige andere. Nicht dass es unmöglich wäre, anständige Menschen in der Stadt zu finden, doch die paar anständigen Menschen sind hier einer Art umweltbedingten Entmutigung ausgesetzt. Sie schnüffeln kurz und begreifen schnell, dass im Gesellschafterpaket auch eine Menge Ballast steckt, den man lieber meidet. Und man wird natürlich stets mit der giftigsten aller ortsspezifischen Fragen konfrontiert: Für wen machst du das? Ganz zu schweigen davon, dass anständige Menschen selten zu finden sind. Die Unternehmer der Stadt gehören eigentlich immer automatisch zur Kategorie der *'xperten* und wissen genau, dass es besser ist, sich nicht allzu sehr zu exponieren.

Es genügt schon, in den reichsten Vierteln herumzuspazieren, sich bestimmte Schaufenster auf der Via Libertà anzusehen, bestimmte Autos zu beobachten oder sich den Schiffsraum der Yachten vorzustellen, die in den vielen kleinen Häfen der Stadt vor Anker liegen. Wenn Louis Vuitton beschließt, ausgerechnet hier eine Filiale zu eröffnen, heißt das, dass man wahrscheinlich vorher ein oder zwei Berechnungen zum Kundenpotenzial angestellt hat. Und wenn bei den Zusammenkünften der Volvo- und BMW-Händler aus ganz Europa die Vertragspartner aus der Stadt mit großem Beifall begrüßt werden, hat das gewiss seine Gründe. Das sind aufleuchtende Kontrolllampen, kleine Indizien für einen Schattenreichtum, der das Rampenlicht scheut. Nur dass hier im Gegensatz zu anderen Orten niemand, der wirklich Geld hat, auch nur den geringsten Wert darauf legt, sich in der Öffentlichkeit zu zeigen. Man präsentiert sich allenfalls im engsten privaten Kreis. Unter Freunden ist die Yacht durchaus ein Luxus, den man ganz auskosten muss. Doch wenn die richtig Reichen ein Fest veranstalten, verhindern sie tunlichst, dass in irgendeinem Blättchen ein Foto davon auftaucht. Wer dagegen alles daransetzt, in Erscheinung zu treten, ist die *demi-monde*. Jene *demi-monde*, die sich in Schwarz kleidet und sich aus Eitelkeit nur allzu gerne sehen lässt, während man sich den Verlockungen irgendeines mondänen Ereignisses hingibt. Die wirklich Reichen halten sich fern, ebenso wie sie es vermeiden, auf den Listen der größten Steuerzahler aufzutauchen, sie bleiben schlicht in ihren eigenen Klubs verbarrikadiert, aus denen wenig bis nichts nach außen dringt: Solche Klubs heißen *La Vela* oder *L'Unione*. Deshalb ist es so schwierig, irgendeine Art von Sponsor zu finden. Im Verborgenen zu leben ist die erste Maxime der wirklich Mächtigen in der Stadt; um der Strenge des Fiskus zu entgehen, aber nicht allein deswegen: Wer weiß, wer sonst noch Lust bekommen könnte, dich um einen Anteil deines Vermögens zu bitten?

Die Leitung eines Fußballvereins stellt die höchste Form der Sichtbarkeit in einer Stadt dar, die von Schattenreichtümern lebt, von unerwarteten Vermögenswerten und von untergründigen, plötzlich hervorbrechenden finanziellen Phänomenen. In diesem Umfeld ist es eine unverzeihliche Sünde, wenn man die Aufmerksamkeit auf sich lenkt. Neben dem Kauf des Vereins bedeutet es schon, sein Schicksal herauszufordern, wenn man als Sponsor auf dem Trikot landet. Wenig Aufmerksamkeit erregen, etwas, das anderswo nichts weiter als ein Entschluss zur Diskretion ist, wird hier zu einer Form fast abergläubischer Vorsicht. Es ist besser, man vermeidet es, Neider anzuziehen – oder die Kontrollen der Finanzbehörden oder jene klebrigen Beziehungen, die die Rolle als Präsident eines Fußballklubs in Sizilien unweigerlich mit sich bringt. Dazu kommt noch die Aussicht, die unbesonnene Selbstüberschätzung der Fans in der Stadt ertragen und befriedigen zu müssen, die auf ewig davon überzeugt sind, einen Adelstitel zu besitzen, den sie nur noch nicht kennen, ein zwar heruntergekommener Adel, der jedoch nicht abtretbare Erbrechte mit sich bringt. Diese Illusionen noch zu schüren ist mehr als nur schwierig: Es ist nutzlos. Denn es gibt für die hiesigen Tifosi keine Zwischenziele, die als ausreichend akzeptiert würden.

Ein kleines Beispiel. In einem der schöneren Jahre lagen die *Rosaneri* in der Tabelle fast gleichauf mit Spitzenreiter Inter Mailand. Es war die Anfangsphase der Saison, und genau zu diesem Zeitpunkt sollte Inter im hiesigen Stadio della Favorita spielen. In der Stadt war die Erwartungshaltung groß. Die Tickets waren ausverkauft, auf den Balkonen sah man Flaggen, und es gab sogar den ein oder anderen voreiligen Autokorso. Bis dann der Tag der Partie kam, die sich gemäß der klassischen Rollenverteilung entwickelte: Das Team der Stadt, getragen von der allgemeinen Begeisterung, rannte an – und Inter gewann. Am nächsten Tag herrschte große Niedergeschlagenheit in den Friseurgeschäften und Cafés. In einem von diesen wandte sich ein Kellner mit bitter enttäuschter Stimme an einen Stammkunden und meinte, dass der Traum vom Meistertitel nun endgültig geplatzt sei. Der exemplarische Satz lautete im Dialekt:

»Dottore, oramai chi 'nni resta? 'A Chempion Lig …« (»Mein Herr, was bleibt uns jetzt? Nur noch die Champions League …«)

Das schien ihm wenig zu sein. Doch am Ende der Saison erreichte das Team wohlgemerkt nicht einmal einen Ehrenplatz, der die Champions-League-Qualifikation bedeutet hätte.

Es könnte das Motto auf dem Stadtwappen sein: *Was bleibt uns jetzt?* Am besten gepaart mit dem Chanson von Charles Trenet, der perfekten Hymne dieser Stadt: *Que reste-t-il de nos amours?* Ja, was bleibt von unseren Lieben, unseren Reichtümern, unseren Ambitionen, unseren Rechten? Wir empfinden eine allumfassende Nostalgie, geradezu eine Nostalgie der Nostalgie. Aber wenn wir uns fragen sollten, könnten wir nicht genauer sagen, worauf sich diese Nostalgie bezieht. Eine unbestimmte Nostalgie. Am Tag nach jedem Rückschlag bleibt uns der Nachgeschmack der Enttäuschung im Mund, sind wir konfrontiert mit dem Wissen, dass sich die Welt auch ohne uns weiterdreht. Doch dann sagen wir uns: Pech für den Rest der Welt. Der Rest der Welt kann uns mal. Niemand denkt auch nur einmal über die Möglichkeit nach, ob wir bisher womöglich über unsere Verhältnisse gelebt haben, um auf diese Weise bescheiden zu dem Schluss zu kommen, dass es vorbei ist, es aber zumindest eine Weile gut gelaufen ist, also danke ans Leben.

Im Gegenteil: Es gibt hier eine Art Bürgerpflicht, sich am eigenen Fleisch zu vergehen, bis man wieder auf die Formel *Cupio dissolvi* kommt. Haben sie verloren, haben wir verloren? Mögen sie weiterhin verlieren, bis sie ganz unten angekommen sind, bis es zu einer völligen Wiedergeburt kommt, die mit dem Trainer beginnt, jeden einzelnen Spieler einbezieht, die Manager, den Präsidenten und den Bürgermeister, wer auch immer das dann jeweils sein wird, und schließlich die gesamte Stadt. Erst wenn man ganz unten ist, kann die Katharsis beginnen. Wenn sie einmal die Sichtweise des »Je schlimmer, desto besser« angenommen haben, ist für die Befürworter der Apokalypse jedes Ärgernis wenigstens abgeschwächt, wenn nicht schon ins Gegenteil verkehrt. Jeder Sturz der rosa-schwarzen Adler verwandelt sich in einen Beitrag zur allgemeinen Helligkeit. Niemand denkt, dass die Befreiung durch den Fußball kommt. Jeder Erfolg ist eher ein Versehen. Es ist eines der Alibis, die unbemerkt das Bild vergiften, das wir von uns und der Stadt haben. Alles läuft schlecht, alles ist finster, alles ist unwiederbringlich verloren, es gibt keine Fußballmannschaft, die uns tröstet, keine Sonne, die scheint, kein Meer, das uns erfreut. Verbannen wir all den falschen Trost, durch den es uns zumindest von Zeit zu Zeit so scheint, als könnten wir doch über sämtliche Missstände des Lebens in dieser Stadt hinweggehen. Es muss alles unveränderlich schlecht laufen, damit wir den falschen Trost fallen lassen, den Erkenntnisprozess beschleunigen können und so der Moment näherrückt, in dem wir aufhören werden, uns zufrieden zu geben, ohne genau zu wissen, womit eigentlich.

Doch dieses apokalyptische Szenario verwandelt sich in ein Alibi für die geistige Unbeweglichkeit. Man könnte ziemlich viele Beispiele jenseits des Fußballs aufzählen. Holprige Straßen sind schon in Ordnung, solange es noch Schlupflöcher gibt, um keine Steuern zahlen zu müssen. Lieber einen Mindestlohn unter der Hand, solange im Gegenzug keine echte Arbeitsverpflichtung verlangt wird.

Doch im Fall des Fußballs ist es besonders offensichtlich. Um nach vielen Jahren in die Serie A zurückzukehren und irgendwann vielleicht sogar um die Spitze zu kämpfen, mussten wir den hundertsten Kolonisator erdulden, und für eine kurze Zeit haben wir ihn auch gemocht, wenigstens solange er nicht gezeigt hat, dass er seine Kosten auch gedeckt sehen wollte. Wir haben so getan, als würden wir seine Marotten und seine Inkompetenz in fußballerischen Fragen nicht bemerken. Wir haben es dann begriffen, als er Trainer entließ, die uns zumindest passabel erschienen. Wir haben ihm verziehen, wenn auch murrend, als er kostbare Teile des Kaders verkaufte, um die Kasse ein wenig klingeln zu lassen.

Zwischen den Tifosi und dem Präsidenten gab es eine kurze Liebelei und einen langen Abschied. Einer dieser stürmischen, quälend langen Abschiede, die auch die schönen Momente, die man zusammen verbracht hat, vergiften und vergessen machen. Doch jetzt, wo die Ära Zamparini zu Ende ist, sind wir wieder unweigerlich allein mit uns selbst. Wir müssen die Scherben des Spielzeugs zusammenkehren, das wir kaputtgemacht haben, wie es uns oft geschieht. Und was bleibt uns jetzt? Nur noch die Champions League.

Das Stimmungspendel der Bürger schwingt atemberaubend schnell von einem Extrem zum anderen, egal, um was es geht. Vor einiger Zeit kaufte die Stadt die Spielberechtigung einer Volleyballmannschaft aus der Serie A. In der Sporthalle in der Via Castelforte spielten die Großen, zu Beginn begleitet von einer begeisterten Bevölkerung. Das ging zwei Jahre lang gut, dann stieg die Mannschaft ab, und der Verein ging komplett in die Binsen. Das Projekt war ein tiefgekühltes und dann schlecht aufgetautes Soufflé, das den Umweltbedingungen nichts entgegenzusetzen hat und bei den ersten Schwierigkeiten elendig in sich zusammenfällt. Solche Präzedenzfälle müssten bei jedwedem sportlichen Enthusiasmus zur Vorsicht mahnen, zumal sich die Bewohner der Stadt stets das Privileg einer Art Doppelpassregelung für Fans vorbehalten haben, wohinter sich die Anpassung an einen Interessenkonflikt in Sachen Fußball verbirgt, der andernorts undenkbar wäre. Angesichts dessen, dass die heimische Mannschaft fast durchgängig in der Serie B oder noch weiter unten herumdümpelte, war es jedem freigestellt, sich ein anderes Team aus der höchsten Liga auszusuchen, das man als Fan unterstützte. Wenn man die beiden unglücklich verlorenen Pokalfinals der Siebzigerjahre einmal ausklammert, ist es dem Klub vor der Ära Zamparini nie gelungen, Träumereien zu erzeugen, die auch nur annähernd dem Prestige entsprachen, das die Stadt in ihren Selbstbetrachtungen schon immer kultiviert hat. Durch die Ankunft Zamparinis waren wir wieder einmal mit dem »Wunder, das vom Himmel fiel« konfrontiert, eine Art der Entwicklung, an die wir hier sehr fest glauben. Sicherlich fester als an die Kraft unserer Ideen und Projekte.

War die Stadt lange Zeit unterlegen, hat sie den Klub irgendwann ziemlich deklassiert, der zudem noch immer Ziel von Kolonisierungsversuchen ist. Gäbe es nicht diese Massenbegeisterung für den Klub, könnte man sagen, dass der Verein mit seinen Funktionären und Spielern von außerhalb eine Art Fremdkörper in der Stadt ist.

Von einem gewissen Augenblick an steigerte sich Zamparini in eine grandiose modellhafte Art des *Cupio dissolvi* hinein. Wir haben es hier mit einem exemplarischen Fall des »Kronos-Syndroms« zu tun, benannt nach dem griechischen Gott, der seine eigenen Kinder verschlang. Bevor wir uns über den Diätplan entrüsten, den Kronos befolgte, müssen wir in Betracht ziehen, dass Kronos vollkommen im Recht war, als er seine Kinder verspeiste – er war ja ein Gott. Es waren seine Gesetze und seine Kinder. Es kann einen anwidern, dass er sie aufgegessen hat, aber man muss ihn auch verstehen: Ihm wurde schließlich geweissagt, dass eines seiner Kinder ihn umbringen werde, um seinen Platz einzunehmen. (Böse Zungen bringen das Kronos-Syndrom auch mit Bürgermeister Orlando in Verbindung, in dessen Schatten nie ein möglicher Thronerbe oder -anwärter heranwachsen konnte: Nun muss es sich um ein ansteckendes Syndrom handeln, das in der Stadt Idealbedingungen vorfindet, denn der zweite Teil des Stadtmottos lautet ja eben *frisst seine eigenen Kinder*.)

Was Fußball angeht, ist ewige Liebe ein relatives Konzept, man muss schließlich die wütende Ohnmacht der Fans mitbedenken. Dauerhaft ohnmächtig ist ihre Wut dazu verdammt, sich in Schimpftiraden in der Bar Sport zu verausgaben. Um dieser Ohnmacht zu entkommen, müssten die Fans versuchen, ihre Wut auf einen würdigeren und greifbareren Gegenstand umzulenken. Sagen wir's so: Wie kann es sein, dass bei den tausend Gelegenheiten, wenn Zamparini mal wieder gedroht hat, alles zu verkaufen, kein einziges Mal ein sizilianischer Unternehmer vorgetreten ist? Wie kann es sein, dass der letzte einheimische Präsident, an den man sich als ehrenwert erinnert, noch immer und auf ewig Renzo Barbera ist, der in den Siebzigerjahren wirkte? Wie kann es sein, dass die bürgerliche Unternehmerschicht der Stadt nicht einmal in der Lage ist, einen Sponsor hervorzubringen, der dieses

Namens würdig ist? Die Antwort auf diese Frage ist einfach: weil es kein wirklich unternehmerisches Bürgertum gibt. Es gibt nur ein Bürgertum regionalbürokratischer Herkunft, das vollkommen parasitär ist und weder Unternehmen gründet noch Arbeitsplätze schafft.

Der Irrtum in der Stadt (nicht nur in Sachen Fußball) besteht darin, dass man sich denkt, ein glorreiches Schicksal stehe uns gleichsam von Gottes Gnaden zu, und sicherlich nicht unter der Bedingung, es sich verdienen zu müssen. Uns steht eine Spitzenmannschaft zu, ebenso wie der Rang einer »großen Stadt«, auch wenn wir von uns aus nicht in der Lage sind, uns das eine oder das andere zu verschaffen. Lange Zeit war Kronos-Zamparini der *deus ex machina*, der uns aus der fußballerischen Mittelmäßigkeit gerettet hat. Wir haben seine wohlmeinende Kolonisierung bereitwillig akzeptiert. Kolonisiert und glücklich haben wir viele Jahre lang über unsere Verhältnisse gelebt. Unsere missverstandene *grandeur* hat im Fußball ihre perfekte Repräsentation gefunden, aber sie hat tiefe soziale und kulturelle Wurzeln auch in anderen Bereichen.

Den verschiedenen Versionen des Mythos zufolge wurde Kronos durch Zeus, einen seiner Söhne, überlistet. Nur sieht man in der Stadt gerade keinen Zeus am Horizont. Die Geschichte – und mehr noch: die harten Fakten – raten also zu ein wenig Duldsamkeit: Darin waren wir übrigens schon immer sehr beschlagen. Wir sehen die Katastrophe als Chance. Wenn man uns den Beschützer wegnimmt, mögen wir kurzfristig schlecht dastehen, aber mittelfristig womöglich schon besser und langfristig vielleicht sogar gut. Und umgekehrt: Solange sich immer jemand findet, der uns den vorgekochten Babybrei aus seiner Herstellung anbietet, werden wir nie Zähne bekommen, um selbst kauen und unseren eigenen Fähigkeiten vertrauen zu lernen.

Doch das sind Überlegungen, die dich nur am Rande betreffen, lieber Reisender. Kümmere dich nicht darum und überlass es uns, uns in unseren eigenen Fehlern zu aalen. Nimm dir das Beste heraus und lass den ganzen Rest einfach links liegen.

11 Praktiken der Selbstexotisierung

An keinem Ort ist die Wahrheit so kurzlebig wie in Sizilien: Ein Ereignis ist vor fünf Minuten geschehen, und schon ist sein unverfälschter Kern verschwunden, verschleiert, ausgeschmückt, entstellt, unterdrückt oder vernichtet von der Einbildungskraft und von verschiedenen Interessen; Scham, Angst, Großzügigkeit, Missgunst, Opportunismus, Nächstenliebe, alle Leidenschaften, die guten wie die schlechten, stürzen sich auf das Ereignis und reißen es in Stücke; kurze Zeit später ist es verschwunden. Giuseppe Tomasi di Lampedusa

Reden die Bewohner der Stadt über ihre Vergangenheit, neigen sie ein wenig zur Schaumschlägerei. Geben ein bisschen an. Wie in Neapel und wie vielleicht in allen Städten Süditaliens erzählt man sich auch hier die Geschichte vom Taxifahrer, der sich mit einem Fahrgast aus dem Norden streitet. Sagen wir, der Einfachheit halber, mit einem Mailänder. Der Mailänder glaubt, übers Ohr gehauen worden zu sein, und es ist nicht ausgeschlossen, dass er recht hat. Er lässt einen Wortschwall auf den Taxifahrer ergehen, der mit einer Einleitung beginnt, die wahre Rassisten immer verwenden: »Ich bin ja kein Rassist, aber ...«

Es folgt eine Reihe altbekannter Beleidigungen:

»Wir arbeiten uns krumm, und ihr denkt nur ans Klauen, ihr unterentwickelten Hinterwäldler ...«

Und so weiter und so fort. Nachdem der Fahrgast sein Repertoire an Beleidigungen aufgebraucht hat, verstummt er endlich, um Luft zu holen. Erst jetzt kommt die Antwort des Fahrers: »Als ihr noch in Höhlen gehaust habt, waren wir schon schwul.«

Auch wenn es sich hierbei nur um eine urbane Legende handelt, steckt darin doch der ganze Stolz, den die Bewohner der Stadt aus der Überzeugung ableiten, jetzt zwar heruntergekommen, doch zuvor dekadent und noch früher die Herren der Welt gewesen zu sein. Gemeinhin bildet sich jeder gern ein, er habe eine glückliche Kindheit verbracht. Was dem Einzelnen geschieht, das geschieht auch einer Gemeinschaft. Vor allem wenn es darum geht, die Erinnerung zu verzerren.

Die Bewohner der Stadt haben ihren verschämten Stolz dahingehend verfeinert, dass sie sich eine nicht näher bezeichnete edle Abkunft zulegten. Eine Sehnsucht, die man als selbstexotisierend bezeichnen könnte: Wir masturbieren auf das exzentrische Bild, das wir von uns selbst haben. Bei diesen Praktiken der Selbstexotisierung gefällt sich die Stadt als originell, widersprüchlich und pittoresk, wenn auch inzwischen von dem Thron gestürzt, den sie sich selbst errichtet hatte. »Sie halten sich für vollkommen«, schrieb Tomasi di Lampedusa. Und falls das nicht stimmt, fehlt zumindest nicht viel.

Wann es diese glücklichen Zeiten gegeben haben soll, in denen die Stadt die Herrin der Welt war, lässt sich auf rein historischer Grundlage nur schwer beantworten. Manche datieren sie ans Ende des 19. und an den Beginn des 20. Jahrhunderts, als der russische Zar und der deutsche Kaiser die Familie Florio besuchten und die kaiserlichen Schiffe vor der Villa Igiea ankerten. Andere hingegen bewahren Friedrich II. ein ehrendes Gedenken, da sie ihn für so ziemlich den letzten Souverän halten, auf den sich die nunmehr verflüchtigten Hoffnungen auf einen modernen, weltlichen Staat richten konnten. Dass mit der poetischen Sinnlichkeit des Herrschers auch eine gewisse blutrünstige Schroffheit einherging, bleibt ein Randthema, das den Bewohnern der Stadt keineswegs missfällt.

Doch abgesehen von der endemischen Prahlerei gab es tatsächlich eine kurze Zeit, in der in der Stadt ein glänzender Aufschwung beobachtet wurde, obgleich sich diesbezüglich keine einzelne charismatische Persönlichkeit identifizieren lässt, um die herum man die Legende stricken könnte. Dieser historische Augenblick war während der arabischen Herrschaft. Die Bewohner der Stadt hegen mit Blick auf ihre Vergangenheit eine mehr oder weniger bewusste arabische Nostalgie. Die arabische Identität wird fast schon überheblich herausgekehrt, selbst in Zeiten, in denen die arabische Identität kein besonderes Prestige zu genießen scheint: So ist es eben, wenn es uns so passt.

Solltest du dich endlich entschließen, dein Hotelzimmer zu verlassen, wirst du allerdings entdecken, dass aus der arabischen Zeit nicht ein einziges architektonisches Zeugnis erhalten ist. Das erste, was den normannischen Königen einfiel, nachdem sie die Stadt eingenommen hatten, war, die Moscheen und andere Bauwerke aus der Zeit vor ihrer Eroberung dem Erdboden gleichzumachen – eine regelrechte Auslöschung der Vergangenheit. Aus diesem Grund findet man heute strenggenommen keine großen arabischen Spuren oder fast keine.

Oder fast keine, denn später legten die normannischen Könige die Arroganz der Sieger ab, überlegten es sich anders und sahen ein, dass sie von den Arabern einiges lernen konnten. Das muss man den neuen Herrschern der Stadt wirklich lassen: Nachdem sie mit einer Kultur in Berührung gekommen waren, die der ihren diametral entgegengesetzt war, wurde ihnen fast augenblicklich klar, dass das spartanische Leben, das sie bis dahin geführt hatten, allzu beschwerlich und undankbar war. Kriege zu führen und zu gewinnen war ja gut und schön, aber was dann? Wozu das alles? Etwa um die Reichsten auf dem Friedhof zu werden? Jedenfalls musste man den Arabern zugestehen, dass sie mehr Talent hatten, das Leben zu genießen.

Deshalb hüteten sich die diversen Rogers und Wilhelms, die zwar ein bisschen wikingerhaft, aber nicht blöd waren, wohlweislich, die arabischen Spezialisten zu verjagen, ja, sie öffneten ihre Höfe für Dichter, Wissenschaftler und Beamte, für alle Wahrer einer fremden, doch äußerst faszinierenden Kultur, die zu diesem Zeitpunkt zur Avantgarde gehörte. Verglichen mit dem übrigen Europa glänzte die Stadt damals. Während sich, um nur ein Beispiel zu nennen, ganz Europa noch mit der Krätze herumschlug, war dieses Leiden hier weit weniger verbreitet. Das war der Möglichkeit, sich zu waschen, und der großen Verfügbarkeit von Wasser zu verdanken, das durch kunstvoll angelegte Leitungen, auf deren Bau die Araber sich meisterhaft verstanden, in die Stadt gelangte.

Doch die normannischen Könige wussten nicht nur die Aquädukte der arabischen Baumeister zu schätzen, sondern ließen sich von ihnen vor allem auch sogenannte *sollazzi* bauen, Lustschlösschen vor den Toren der Stadt, in denen die Herrscher sich von den Regierungsgeschäften erholen und sich mit den jeweiligen Mätressen verlustieren konnten. Einige dieser Bauwerke sind noch zu besichtigen und mittlerweile vollkommen in die bauliche Struktur der Stadt integriert. Am besten erhalten ist die Zisa – oder auch: die Prächtige –, die Wilhelm I. (1122–1166) in vollkommener Nachahmung der arabischen Vorbilder erbauen ließ.

Die gleiche Funktion erfüllte Schloss Cuba, von Wilhelm II. (1153–1189) in der Absicht errichtet, es dem Kult der Muße zu widmen. Heute schmiegt es sich nahezu unvermutet in den Kreis der Palazzi am Corso Calatafimi, und man muss sich sehr anstrengen, um sich den Park vorstellen zu können, in dessen Zentrum das Schloss einmal stand. Boccaccio erwähnt es in seinem *Dekameron* in der sechsten Novelle des fünften Tages. Nicht weit entfernt befinden sich, versteckt im Park der Villa Napoli aus dem 18. Jahrhundert, zwei weitere kleine Bauwerke aus normannischer Zeit mit arabischen Einflüssen: die Cuba Soprana und die Cubula. Der Corso Calatafimi gibt die ideale Route auf den arabisch-normannischen Spuren vor, die von der Unesco zum Weltkulturerbe erklärt worden sind. Über den Corso gelangt man auch zum Dom von Monreale, den die beiden Wilhelms als ihre letzte Ruhestätte auserkoren hatten. Als gutunterrichteter Reisender wirst du viel von den Mosaiken des Doms gehört haben, und diese Sehenswürdigkeit sollte genügen, um dich aus deinem Unterschlupf aufzuscheuchen. Solltest du jemals den Mut aufbringen, dein Zimmer wenigstens für ein paar Stunden zu verlassen, müsstest du dorthin gehen, zum Dom und zum Kloster. Denn dort findest du den besten Beleg für den Kosmopolitismus der Stadt in der Zeit um das Jahr 1100, für ein multikulturelles Zentrum, wo arabische, normannische und byzantinische Künstler in enger Gemeinschaft und mit einer großen Begabung für eine Synthese der Stile zusammenarbeiteten. In der Klosteranlage befindet sich ein eckiger Brunnen mit einer stilisierten Palme, die hundertprozentig arabisch ist, obgleich sie in einem benediktinischen Umfeld liegt.

Bei der Beschreibung des Doms verbietet nur die Zurückhaltung weitere Superlative: Geh und sieh ihn dir mit eigenen Augen an.

Gemeinhin ist man der Auffassung, dass man sich gerade dank dieser tiefverwurzelten Tradition des harmonischen Miteinanders in der Stadt keiner eklatanten Bekundungen von Rassismus entsinnen kann. Nur manchmal legt sich jemand mit den unbefugten Parkwächtern und den schwarzen Prostituierten an, ohne dass die Bevölkerung einschreitet. Wären es einheimische Parkwächter und Prostituierte, ließe ein Aufruhr im Viertel nicht lange auf sich warten. Doch für Ausländer, nein, da rührt sich niemand. Aber das ist eines der seltenen Symptome der Gleichgültigkeit. Einer Gleichgültigkeit, die heutzutage Gefahr läuft, als positiv besetztes Gefühl durchzugehen. Es ist in den letzten Jahren ziemlich bedeutungslos geworden, einem immer höheren Anteil von Nichtweißen zu begegnen, vor allem in Vierteln wie L'Albergheria. Es geht gar nicht darum, den, der anders ist, zu tolerieren; hier lebt man ohne solches Aufheben zusammen, ohne umständliche Theorien und ohne ostentative Brüderlichkeit. Jedenfalls bis heute. Auch in dieser Hinsicht ist in den Gesichtern der Zwanzigjährigen eine fatale Anfälligkeit zu lesen. Von einem Tag auf den anderen könnte einer von ihnen auf die Idee kommen, dass es eine *trendy* Art und Weise wäre, einen Obdachlosen anzuzünden oder einen Immigranten zu ertränken, um Abwechslung in einen gewöhnlichen Samstagabend zu bringen. Die Dinge ändern sich, und insbesondere die Zukunft des harmonischen Miteinanders oder der Gleichgültigkeit lässt sich nicht garantieren.

Vorläufig jedoch liegt in der Stadt so viel Arabisches in der Luft, dass es dir schwerfallen dürfte zu glauben, es gebe hier eigentlich keine arabischen Bauwerke. Du hast viele Bilder gesehen, und besonders die roten Kuppeln auf zahlreichen Kirchen sprechen eine deutliche Sprache. Doch es gibt hier auch einen Fehler im Geschichtsbild, der auf den Umstand zurückgeht, dass sich die Normannen sogar die Kirchen von den Muslimen bauen ließen. Aus normannischer Zeit stammen die arabischen und gleichwohl höchst christlichen Kirchen La Magione, Dei Vespri, San Giovanni dei Lebbrosi, San Giovanni degli Eremiti, Santa

Maria dell'Ammiraglio und San Cataldo. Die Kuppeln sind irreführend, sie waren nur eine Zierde, die die neuen Herrscher nicht störte. Und vollkommen unecht ist die rote Färbung, die Folge einer pittoresken Restaurierung im 19. Jahrhundert: sie gefiel, und dabei blieb's. Für richtige Fetischisten befindet sich das einzige verbliebene Beweisstück für die Zeit der arabischen Herrschaft wahrscheinlich im Kirchenbau von San Giovanni degli Eremiti, der im südlichen Teil auf den Resten einer früheren Moschee errichtet wurde.

Um zu sehen, wie groß der islamische Einfluss auf die Stadt war, sollte man, ungeachtet der nur spärlichen architektonischen Überreste, La Kalsa besuchen, ein Viertel, das zumindest auf den ersten Blick nur wenige Zeugnisse aus arabisch-normannischer Zeit aufweist. Doch hier zeigt sich mehr als anderswo, dass es nicht auf die Besichtigung einzelner Bauwerke des Viertels ankommt. Es kommt darauf an, dass man dort spazieren geht.

La Kalsa war ursprünglich eine Zitadelle am Ufer des heute nicht mehr existierenden Flusses Kemonia, wo sich im Jahr 937 die Emire mit ihrem Hof niederließen. Auch der Name des Stadtviertels ist arabisch: *Al Halisa*, die Auserwählte. Noch heute sprechen seine Bewohner einen mit besonderen Lauten gespickten Dialekt. So hat sich zum Beispiel der aspirierte Anlaut erhalten. Sie sagen: *la Hausa*. Und natürlich sind sie stolz auf ihre Herkunft und auf die Geschichte, die hinter ihnen liegt. Obwohl ihre Geschichte eine schreckliche ist.

Am 9. Mai 1943 kamen alliierte Flugzeuge, um das Stadtviertel La Kalsa auszulöschen. Die Bomber sollten den alten Hafen zerstören und, wo sie schon einmal da waren, auch das Hinterland. Es gibt Fotos von den Tagen danach, auf denen La Kalsa praktisch nicht mehr existiert. Man sieht darauf nichts als Trümmer. Überall Trümmer. Doch neben den Zerstörungen und den Toten – vielen Zerstörungen und vielen Toten – brachte der große Bombenangriff auch ein Umweltdesaster mit sich, da man die Trümmer in Ermangelung eines geeigneten Abladeorts nach den Bombardements auf die Strandpromenade am Foro Italico kippte. Tatsächlich hatte zuvor schon ein Wall, bestehend aus der sogenannten Mura delle Cattive (einem Weg entlang der »Mauer der Gefangenen«, gemeint sind damit die Witwen als Gefangene der Trauer, die nicht auf der Hauptpromenade des Foro Italico gingen) und den Fassaden der Palazzi in der Via Butera dafür gesorgt, dass La Kalsa sich nicht als Viertel mit Meerblick bezeichnen konnte. Die Palazzi schon, das Viertel nicht. Der große Bombenangriff schlug eine schlimme Wunde, vor allem weil die Stadt bei dieser Gelegenheit bemerkte, dass sie ernsthafte Probleme mit der Vernarbung und, vorher noch, bereits mit dem Stillen der Blutung hat. Von 1943 bis heute hat sich die Wunde von La Kalsa immer noch nicht ganz geschlossen, abgesehen von ein paar Sanierungsbemühungen in den letzten Jahren sind die Narben weiter fast im gesamten Viertel zu erkennen. Daher rührt der romantisierende Eindruck, La Kalsa wahre mehr als die übrige Stadt ein unverfälschtes Gesicht. So wäre es, wenn Ruinen ein Synonym für Authentizität wären. Das moderne Leben hat das Viertel – vor allem in der Via Lincoln – zwar gestreift, sein Zentrum jedoch in städtebaulicher und geistiger Hinsicht unversehrt gelassen. Aller Sanierung zum Trotz teilen sich in La Kalsa noch heute Hühner, Hunde und Menschen denselben Lebensraum.

Die Touristen schlendern an Palästen vorüber, die durch Baugerüste zusammengehalten werden. Sie pressen ihre Fotoapparate an die Brust, mit denen sie Zutritt in die elenden Hütten erhalten und die Erinnerung an alles Malerische festhalten, das sie aufstöbern können, besonders die Armut. Armut ist fotogen. Und La Kalsa gehört zu den Vierteln, die beschönigend als »volkstümlich« bezeichnet werden. Oder als »problematisch«. Oder als »unbequem«. So zynisch es auch klingen mag, doch La Kalsa – und die Stadt im Allgemeinen – verdankt seinen Reiz zum großen Teil dem dortigen Elend. Seine größte Ressource ist das Unglück. Und die paar Flicken, die es gibt, bergen immer das Risiko, dieses überaus faszinierende Unglück nur noch umso mehr zu unterstreichen.

Die Stadt ist in La Kalsa, und nach La Kalsa möchte sie stets zurück. In La Kalsa spürt man unter den Füßen deutlich den Lauf der Geschichte. Und oft kann diese Geschichte unter den Füßen das Gleichgewicht stören und fatale Stürze verursachen. In vielerlei Hinsicht ist La Kalsa eine Metapher für die Stadt als Ganzes. Hier finden sich all ihre Widersprüche wieder. Das Viertel ist ein Gebiet höchster Mafiakonzentration, doch hier wurden auch Falcone und Borsellino geboren, die als Kinder auf dem riesigen Feld der Piazza Magione Ball spielten. Dieser Platz macht sich unerwartet im Viertel breit, und im Verhältnis zu dem dichtgewobenen Netz aus Gassen, das ihn umgibt, wirkt er unpassend. Tatsächlich ist die Piazza Magione das Ergebnis der berüchtigten Bombardierung, da die Piazza der größten Risswunde im städtischen Gewebe entspricht: Wo vorher Häuser standen, findet sich nach den Bomben nur noch eine Art gigantischer Exerzierplatz. In gewisser Weise konnten Falcone und Borsellino nirgendwo sonst als hier geboren werden, tief in der tiefsten Wunde dieser Stadt. Und sie konnten nichts anderes werden als das, was sie geworden sind, die beschlagensten und unnachgiebigsten Anwälte im Anti-Mafia-Aufgebot. Dank ihrer Herkunft sprachen sie die gleiche Sprache und waren in der Lage, die Codes ihrer Gegner zu entziffern. Sie stellten das Gegengift dar, das man aus dem Destillat der Wurzeln der giftigen Pflanze selbst gewinnt. Gestern, heute und auch morgen: Um die Mafia zu besiegen, braucht es die Sizilianer, also die einzigen, die in der Lage sind, die Mafia zu entziffern, noch bevor sie lernen, sie zu lieben oder zu hassen.

In La Kalsa findet sich auch Lo Spasimo, eines der Symbole des aktuellen städtischen Stolzes. Bis in die Neunzigerjahre wurde die Kirche Santa Maria dello Spasimo in den Reiseführern nicht einmal erwähnt, und auch die meisten Bewohner der Stadt wussten lange nichts von ihrer Existenz oder hatten nur wie von einem sagenumwobenen, versunkenen Ort von ihr gehört, ein städtisches Atlantis. Heute führen die Bewohner der Stadt ihre Gäste gern zu Lo Spasimo und bleiben dann drei Schritte hinter ihnen zurück, um sich an ihrer Verblüffung angesichts des Wunders einer gigantischen Kirche mit offenem Dach zu erfreuen, in deren Mittelschiff ein Essigbaum gewachsen ist. Doch so unaufdringlich gewachsen und nicht so in der Mitte, dass er die Theater- oder Musikaufführungen behindern könnte, die hier im Sommer stattfinden. Sobald sich die anfängliche Verblüffung des Gastes gelegt hat, erzählt man ihm die Geschichte einer Kirche aus dem

16. Jahrhundert, deren Bau wegen einer grassierenden Pest anscheinend nie vollendet wurde. Lo Spasimo aber ist eine Kirche, die nie eine Kirche gewesen ist. Lo Spasimo war ein Theater, eine Lagerhalle, ein Lazarett und eine Müllkippe, aber niemals eine Kirche im eigentlichen Sinne. Auch das Gemälde, das die Kirche schmücken sollte, hat eine abenteuerliche Geschichte. Es wurde bei Raffael in Auftrag gegeben und stellte den Leidensweg Jesu dar. Doch gemäß der Legende kenterte das Schiff, das es auf die Insel bringen sollte. Das Bild wurde, wie es heißt, wie durch ein Wunder gerettet, doch da die Kirche nie fertiggestellt wurde, blieb es schließlich im Besitz der spanischen Krone, das Geschenk irgendeines Würdenträgers, der sich einschmeicheln wollte. Heute kann man es im Museo del Prado sehen.

Ebenfalls abenteuerlich war die Wiedereröffnung der Kirche, als man Tonnen von Schutt notgedrungen etappenweise abtransportierte. Es war das Musterbeispiel für ein typisch italienisches Mirakel, irgendwo zwischen Improvisation und Planung, zwischen freiwilliger Leistung und Wunder. Die Idee war, die Restaurierung nach und nach anzugehen, denn sonst wäre es ungewiss geblieben, ob und wann die Kirche je hätte wiedereröffnet werden können. Wieder einmal, wie schon im Fall der Wiedereröffnung des Teatro Massimo, war in der Stadt etwas Zwang nötig, damit es gelang, den allgegenwärtigen Immobilismus zu lockern. Und sich danach am Ergebnis zu erfreuen, so geringfügig es auch sei (in diesem Fall die wiederhergestellte Ruine der Kirche), denn man weiß hier schließlich wie nirgends sonst, dass das Bessere der schlimmste Feind des Guten ist.

Nun, da die großen Touristenströme sie wiederentdeckt haben, präsentiert sich die Klosteranlage Lo Spasimo wie eine Mischung aus Verfall und Glanz, ganz im Stil Giovanni Battista Piranesis, ein Beispiel für den Hang zu halbwegs wiederaufgebauten Ruinen, der für die ganze Stadt charakteristisch ist. Auch das Teatro Garibaldi am anderen Ende der Piazza Magione entspricht diesem unfreiwilligen ästhetischen Kriterium. Und in diesem Fall ist nicht mal gesagt, dass der Eingriff zur Instandsetzung dafür gesorgt hat, den bereits konsolidierten Zustand als Theaterruine irgendwie zu verbessern.

Nicht weit entfernt, auch in La Kalsa, steht der Palazzo Chiaramonte oder Lo Steri, darin findet sich die Holzdecke in der Sala dei Baroni aus dem 14. Jahrhundert, ein verborgenes Meisterwerk in diesem Stadtpalast, der früher der Familie Chiaramonte gehörte. Vor dem Palazzo Steri, in dem einst das Inquisitionsgericht saß, begannen die Prozessionen, die oft mit einer Umrundung der Piazza Marina und mit der Verbrennung des Verurteilten auf dem Scheiterhaufen endeten. Es lohnt sich, den Palazzo auch in jenem Teil zu besuchen, wo sich früher die Kerker der Inquisition befanden, die von den Gefangenen in einem unentwirrbaren Wechselspiel aus Frömmigkeit und Blasphemie bebildert wurden. Die Abbildungen haben größtenteils religiösen Charakter, wahrscheinlich weil die Angeklagten in Erwartung des Urteils so ihren Glauben bezeugen wollten. Doch zwischen Kreuzen und Madonnenbildern taucht hier und da ein gotteslästerlicher Fluch auf, der wie der verzweifelte Schrei eines Menschen klingt, der glaubt, schon in der Falle zu sitzen. Und wenn dieser Mensch zu Beginn auch keinen Hass auf die Religion spürte, so hat er sie durch die Folterqualen, die man in diesem Gemäuer verübt hat, zu hassen gelernt.

Lieber Reisender, ich erzähle dir all das, weil ich ehrlich sein und alle Kontraste der Stadt wiedergeben will. In gewissen Momenten darfst du dich wirklich im Hotel verkriechen. Doch es ist meine Pflicht, dir reinen Wein einzuschenken. Viel würdest du versäumen, wenn du auf La Kalsa verzichten wolltest. Da ist die Kirche La Gancia und die Kirche La Magione. Da ist der Palazzo Ajutamicristo, und da sind die drei Kirchen in der Via Torremuzza. Da ist Santa Maria della Catena. Außerdem könntest du mit dem Auto oder zu Fuß einen Stadtbummel bei Nacht durch die vornehmsten oder die heruntergekommensten Gegenden von La Kalsa unternehmen. Zwischen den Restaurants rings um die Via Garibaldi findest du die *movida*, von der du wohl schon viel gehört hast. Hier ginge es wirklich mondän zu, wenn neben den großen und kleinen Lokalen nicht unmittelbar die Imbissstände zu finden wären, die improvisiert wurden, um die Besucher von Lo Spasimo abzufangen, dazu die Karren der fliegenden Händler, die Prostituierten auf der Jagd nach Kunden und die anachronistischen Läden, die hartnäckig weiter *scaccio* verkaufen, also Sonnenblumenkerne und Trockenfrüchte. In der Via Alloro erstreckt sich zwischen einer Restaurierungsbaustelle und einer abgesperrten Gasse die endlose Folge von Palästen, deren Namen bereits die Eitelkeit ihres einstigen Glücks erahnen lassen: Bonagia, Castrofilippo, Monroy di Pandolfina, Naselli d'Aragona, Lo Faso di San Gabriele und Rostagno di San Ferdinando. Reichtum und Armut, Tugend und Verworfenheit, Licht und Schatten, Leben und Tod: Hier treffen alle Extreme aufeinander und existieren zugleich mit ihrem Gegenteil.

Doch vielleicht erschreckt und lähmt dich gerade das. Die Angst vor grellen Farben zusammen mit der Angst vor dem Gegenteil, die es ebenfalls gibt: der Angst, dass dich die grellen Farben faszinieren könnten.

12 Alles oder nichts

»Wenn du nichts dagegen hast, könnten wir in zehn Tagen nach Palermo fahren«, sagte er. »Ich ziehe Genf vor«, antwortete sie. Sie stand vor der Staffelei und begutachtete ein unvollendetes Bild. »Wie kann man leben, ohne Palermo gesehen zu haben?« Milan Kundera

Dieser sogenannte Reiseführer neigt sich dem Ende zu, und du sitzt immer noch verbarrikadiert in deinem Zimmer, knetest deine Hände und schaust aus dem Fenster, unschlüssig, ob du nun hinausgehen sollst oder nicht. Falls das so ist, liegt die Schuld daran, zumindest teilweise, vermutlich bei mir. Wahrscheinlich ist es mir bisher nicht gelungen, den Wunsch in dir zu wecken, mit eigenen Augen nachzusehen, ob all die Vorurteile, die du gegenüber der Stadt hegst, berechtigt sind. Du hast auf diesen Seiten womöglich weder eine Bestätigung noch ein Dementi dieser Klischees gefunden, sondern stattdessen eine ganze Reihe weiterführender Zusammenhänge, die deine Verwirrung nur vergrößert haben. Von einem Reiseführer, selbst einem konfusen wie diesem hier, möchte man motiviert werden, die Reise auch anzutreten. Ein Reiseführer muss den Ort lieben, den er beschreibt, und er muss diese Leidenschaft dem Leser vermitteln. Diesbezüglich muss ich vielleicht etwas Selbstkritik üben. Diese Seiten wecken keine bedingungslose Liebe zu der Stadt. Auch keinen Hass, was das angeht. Bleibt zu hoffen, dass du auch keine Hassliebe daraus ableitest, ein bisweilen allzu simples, absorbierendes Gefühl, das alle anderen überwiegt, wenn man über die Stadt spricht, besonders dann, wenn man eine Weile dort gelebt hat. Wer für eine Woche oder einen Monat herkommt, ist für gewöhnlich fasziniert und versteht die Einwände desjenigen nicht, der hier dauerhaft wohnen muss. Diese unterschiedlichen Blickwinkel rühren daher, dass die Stadt einem Athleten gleicht, der darauf trainiert ist, einhundert Meter zu laufen. Auf kurze Distanz kann er all seine Kräfte freisetzen. Es ist jedoch zwecklos, von einem Sprinter zu verlangen, dass er einen Marathon läuft. Ein Marathon ist hier wegen seines Rhythmus ein unmögliches Unterfangen.

Doch lassen wir die Metaphern beiseite. Schwierig wird es, wenn man eine Schule für seine Kinder finden muss, ein Krankenhaus, um sich behandeln, oder einen Friedhof, um sich begraben zu lassen. Es gibt wenig Anlass, sich auf die Autobusse zu verlassen, doch wenn du nur ein paar Tage hier bist, kannst du ruhig Taxis nehmen. Das Alltagsleben zu organisieren, indem man die eigene Mobilität vom Taxi abhängig macht, ist hingegen undenkbar. Doch auf Reisen geht das durchaus. Kommt man nur für kurze Zeit her wie in deinem Fall, ist das die ideale Voraussetzung, um das Beste zu genießen und den Rest denen zu überlassen, die hierbleiben müssen. Nimm dir das Beste, nimm ein Taxi und vergiss alles andere.

Ausschlaggebend dafür, dass du den Mut verloren hast, war vielleicht die Beschreibung von La Kalsa. Das hat genügt, um ein Gefühl maßloser Überreiztheit zu provozieren. Die Atmosphäre dieses Viertels kann irritierend sein, wenn sie in zu großen Dosen aufgenommen wird. La Kalsa ist zu viel. Lieber weg dort und den Besuch mit etwas Erfreulicherem unterbrechen. Als ideales Gegengift empfiehlt sich zur Wiedererlangung des Seelenfriedens ein klassisches Bauwerk wie die Palatinische Kapelle, ein Wunderwerk der Mosaik- und Zimmermannskunst, dessen von arabischen Arbeitern ausgeführtes Stalaktitengewölbe (Muqarnas) allein schon die Reise wert ist, jedwede Behauptung des Gegenteils kann als überholt angesehen werden. Während der Dom von Monreale Prunk und Erhabenheit ausstrahlt, steht die kleine, von Roger II. (1095–1154) erbaute Kapelle für Andacht und Feinarbeit. Sie ist ein konzentrisches Kleinod innerhalb einer anderen Kostbarkeit, des Normannenpalasts, in dem heute das regionale Parlament seinen Sitz hat. Hier werden die Machenschaften der Inselpolitik ausgeheckt, über die auch du, fremder Reisender, dir einige Vorurteile angeeignet haben dürftest. Lass dich nicht ablenken. Konzentrier dich.

Nicht weit vom Normannenpalast entfernt steht die Kathedrale von Palermo, grandios in ihrem Äußeren, das umgebaut wurde, doch enttäuschend in ihrem Inneren, das zu sehr umgebaut wurde. Hier verweilen besonders die Deutschen oft, um eine Blume auf das Grab Friedrichs II. zu legen, des Herrschers, der mehr als jeder andere das teutonische Wesen verkörperte, gemildert durch die Raffinesse des arabischen Umfelds. Apropos: An der ersten Säule links vom Portikus empfängt den Besucher eine arabische Inschrift. Es ist eine Sure aus dem Koran.

Er lässt die Nacht über den Tag kommen, auch wenn sie ihn eilends einzuholen sucht. Und er schuf die Sonne, den Mond und die Sterne und stellte sie durch seinen Befehl in den Dienst der Menschen. Steht nicht ihm allein die Erschaffung der Welt und der Befehl über sie zu? Gelobt sei Gott, der Herr der Schöpfung.

Nicht viele christliche Kirchen der Welt können mit einem Koranzitat in ihrem Inneren aufwarten. Wahrscheinlich ist das sogar die Einzige, und dass sie sich gerade hier befindet, mag etwas bedeuten.

Sind die phantasmagorische Feinarbeit in der Palatinischen Kapelle, die Gesetztheit des Normannenpalasts und die widersprüchliche ökumenische Eleganz der Kathedrale geeignet, dich zu beruhigen? Vielleicht ist es ein Fehler dieses sogenannten Reiseführers, das Loblied auf das weggelassen zu haben, was man gemeinhin als »Sehenswürdigkeiten« bezeichnet. Vielleicht gehörst du ja zu den Reisenden, die sich, wenn sie irgendwo angekommen sind, lieber erst einmal die Frage stellen, was man sich unter den Kulturdenkmälern denn ansehen sollte. Wenn es das ist, lässt sich problemlos eine Liste der wichtigsten Touristenattraktionen zusammenstellen, die du verpasst, falls du nicht versuchst, dir einen Ruck zu geben.

Zwei davon befinden sich im Museum des Palazzo Abatellis, das heißt wieder in La Kalsa. Die *Verkündigung* von Antonello da Messina wurde schon viele Male betrachtet und reproduziert. Wenn man das Bild dann wirklich vor sich hat, stellt man fest, wie klein es ist. Es zeigt eine Madonna mit blauem Schleier an einem

Lesepult, deren Hand die Luft mit einer Geste durchschneidet, die die Verblüffung Marias über die Verkündigung verrät, doch auch die des Malers über die Wahl einer bisher unbekannten Perspektive. Ebenso neu ist der Blickwinkel des Betrachters, identisch mit dem des Engels, der die Botschaft überbringt.

Das zweite Meisterwerk im Palazzo Abatellis ist der *Triumph des Todes.* Nicht dass ich darauf herumreiten möchte, doch wie man sieht, liegen uns bestimmte Themen wirklich sehr am Herzen. Dieses große Fresko befand sich früher im Atrium des Palazzo Sclafani und ist ein weiterer Beweis für die Neigung, die Gäste in Habachtstellung zu halten: *memento mori.* Es zeigt einen skelettartigen Tod auf einem ebenfalls skelettartigen Pferd, das in eine Menschenmenge galoppiert. Jünglinge, Adlige und Prälaten werden von den Pfeilen des Todes durchbohrt, während einer Gruppe entronnener armer Schlucker, die man auf der linken Seite sieht, ein günstigeres Schicksal zuteilwird. Der Schöpfer dieses Freskos ist unbekannt. Vielleicht ist es Pisanello, vielleicht ein Künstler aus seiner Werkstatt, vielleicht ein Maler aus Valencia, der etwa in der Mitte des 15. Jahrhunderts gelebt hat. Sein Gesicht ist zusammen mit dem eines Gehilfen in der Gruppe der Geretteten abgebildet, sein Porträt wiederum schaut den Besucher an.

Das andere große Museum der Stadt ist das Antonino Salinas. Hier werden die Metopen der Tempel von Selinunte aufbewahrt, eben diejenigen, die der Baron Pisani, wie erwähnt, *in extremis* vor der Entführung durch die englischen Archäologen gerettet hat. Nun befinden sie sich im archäologischen Museum der Stadt, weshalb das Salinas, wenn du eine Vorliebe für solche Dinge hast, eines der ersten Besuchsziele für dich sein sollte, insbesondere jetzt nach der Instandsetzung und Neugestaltung, durch die all der Staub, der sich allzu häufig in archäologischen Museen festsetzt, weggepustet wurde.

Zählen in dieser Liste der Touristenattraktionen auch Ziele, die keine Baudenkmäler im eigentlichen Sinne sind? Sagen wir einmal ja, und setzen wir die Cantieri Culturali della Zisa darauf, einen großen ehemaligen Komplex archäologischer Industriestätten, der durch Teilkäufe nach und nach erworben und wieder nutzbar gemacht wurde, Werkhalle für Werkhalle. Wären wir in Paris, wäre dies das Centre Pompidou geworden, plus die Grande Bibliothèque, plus die Cartoucherie und noch einigen anderen Sachen. Es wäre mit viel Pomp eröffnet und *danach* in Betrieb genommen worden. In der Stadt dagegen ist die derzeitige Lebendigkeit der Cantieri Culturali das Ergebnis sukzessiver Sedimentbildungen mit mindestens einer großen Eiszeit in den ersten Jahren des 21. Jahrhunderts und einer erst kürzlichen Wiederbelebung. Die Cantieri Culturali waren das Paradebeispiel für die kulturelle Wiedergeburt der Stadt, jenseits aller sonstigen auffälligen Events. Hier, in unmittelbarer Nähe des Institut français und des Goethe-Instituts, lernen und arbeiten die Studierenden der Kunstakademie, des Experimentellen Zentrums für Kinematografie sowie der Theaterschule Teatro Biondo, wo die Regisseurin Emma Dante als künstlerische Leiterin fungiert. Es wäre fundamental, Sicherheit dafür zu tragen, dass das Erlebnis der Cantieri dauerhaft gemacht werden kann, denn die Erfahrung lehrt, dass sich Träume allzu schnell davonmachen. Fern schon ist die Zeit, als das Ziel darin bestand, die Bewohner der Stadt davon zu überzeugen, aus dem Haus zu gehen. Man kann behaupten, dass ihr Widerstand in dieser Hinsicht mit dem vergleichbar war, der dich jetzt in deinem Hotelzimmer festnagelt. Doch sie haben ihn überwunden. Nachdem sie einmal aufgerüttelt waren und ihre Lebensfreude zurückgekehrt war, musste man dieser Menschenmenge mit freiem Ausgang nun eine Richtung geben. Lebensfreude braucht Nahrung. Sonst verkommt das Ausgehen zu einem Herumlungern von Nichtstuern. In den Cantieri könnten aber genau diese Jugendlichen mit ihrem Talent die Basis bilden, auf der sich die Zukunft der Stadt begründen lässt. Und genau an diesem Punkt ist das Projekt schon einmal ins Stocken geraten. Hoffen wir also, dass es nicht schon wieder eine Eiszeit gibt.

Doch es ist wirklich nicht angebracht, dich noch länger mit solchen Reden vor den Kopf zu stoßen. Ein Reiseführer darf nicht vom Thema abkommen, sondern muss sich bemühen, die Lokalitäten im besten Licht darzustellen. Sehenswürdigkeiten waren gefragt? Dann sollen es Sehenswürdigkeiten sein. Zu denen, die den Stolz der Stadt ausmachen, gehört vor allem das Teatro Massimo, nach der Palatinischen Kapelle der am häufigsten besuchte Ort der Stadt. Heute gehen die Bewohner der Stadt an ihrem Opernhaus vorbei, von dem sie annahmen, es sei dunkelgrau, fast schwarz, und sind schon ein wenig daran gewöhnt, es ockergelb vorzufinden, was bis in die Neunzigerjahre undenkbar war. Sie haben sich sogar daran gewöhnt, hineinzugehen und sich die dort stattfindenden Vorstellungen anzusehen. Doch es ist sinnvoll, daran zu erinnern, dass man, um diesen Stolz zu erreichen, erst eine dreiundzwanzig Jahre währende Schließung hinnehmen musste. Für die Wiedereröffnung des Teatro Massimo bedurfte es einer Anstrengung, ähnlich der in Werner Herzogs Film *Fitzcarraldo*, in dem ein Opernfanatiker von der fixen Idee besessen ist, Caruso in den Urwald des Amazonasgebiets zu bringen, damit er dort singt. Wenn sie will, ist die Stadt ebenfalls zu solchen heldischen und sogar glücklicher endenden Verrücktheiten fähig.

Am anderen Ende der Theaterskala – wir bewegen uns vom extrem Großen zum extrem Kleinen – liegt das Ditirammu, das sich in einem Innenhof in La Kalsa befindet und dessen Besuch sich unbedingt lohnt. Hier setzt die Familie Parrinello eine volkstümliche Theater- und Musiktradition fort, begleitet von einer einladenden und freundlichen Atmosphäre. Mit einem Weinglas in der Hand verwandelt sich jeder Zuschauer in einen Freund.

Ein weiteres Kleinod ist das nicht weit entfernte Marionettenmuseum. Für gewöhnlich gestatten nur längere und eingehende Aufenthalte einen Besuch in dieser ehemaligen Privatsammlung des außergewöhnlichen Arztes Antonio Pasqualino, der eine Vorliebe für volkstümliche Traditionen hatte. Die Ausstellung zeigt Marionetten aus aller Welt. Mittelpunkt sind die *pupi*, die die regionale Geschichte des Puppentheaters veranschaulichen. Man könnte einwenden, dass die Verbannung des Volkstheaters in ein Museum Anlass zu Traurigkeit bietet. Doch das Puppentheater ist auf der Insel eine fast völlig ausgestorbene Tradition. Natürlich werden noch Vorstellungen gegeben, wenngleich ein echtes traditionelles Publikum schon lange nicht mehr teilnimmt. Oft handelt es sich um verwässerte Schauspiele, die bloß für Touristen stattfinden. Niemandem käme es heute noch in den Sinn, sich die epischen Geschichten in Fortsetzungen anzuschauen, die sechshundert Folgen umfassten und über einen Zeitraum von mehreren Jahren aufgeführt wurden.

Heute gibt es nur noch wenige Puppenspieler und noch weniger *cuntisti*, die Geschichtenerzähler, die die sagenhaften Taten des Rasenden Roland und der Ritter Karls des Großen vortrugen. Gerade deswegen ist die Existenz eines solchen Museums schon etwas Tröstliches. Noch einmal: Das Bessere ist der Feind des Guten. Vielleicht ist es ja auch das, was dir den Mut nimmt. Aber denk mal drüber nach: Eben ihre Unvollkommenheit ist der eigentliche Grund, warum es sich lohnt, die Stadt kennenzulernen.

Man sollte nicht vergessen, dass hier in Sachen Theater eine in Italien unvergleichliche Lebendigkeit vorherrscht. Das hat seinen Ursprung in der kulturellen Eiszeit der ersten Jahre des 21. Jahrhunderts, als die zur Verfügung stehenden Räume und Mittel im Theaterbereich drastisch schrumpften – und zum selben Zeitpunkt scheinbar aus dem Nichts Talente wie Emma Dante auftauchten, wie Vincenzo Pirrotta, Lina Prosa, Roberto Andò, Claudio Gioè, Isabella Ragonese, Ficarra e Picone oder Davide Enia, um nur die zu nennen, die inzwischen auch international bekannt sind und das Niveau des unsterblichen Puppenspielers und *cuntista* Mimmo Cuticchio erreicht haben. Alle diese Namen bildeten erst eine künstlerische Bewegung im Theater, dann im Kino, eine Bewegung, die wirklich unerklärlich ist, wenn man bedenkt, dass sie inmitten (oder fast inmitten) der Wüste erblüht ist. In dieser Gruppe finden sich sehr unterschiedliche Künstler, ja, manche hassen einander sogar, gemäß der althergebrachten Sitte, dass die besten Sizilianer niemals gemeinsame Sache machen können. Doch auch wenn manche von ihnen inzwischen bemerkenswerte Gagen erzielen, ist ihnen allen gemein, dass sie es verstehen, mit wenig zu arbeiten und immer das Maximum herauszuholen. Ihr Theater, das wachsen konnte, weil man aus der Not eine Tugend machte, zeichnet sich durch wenige wesentliche Szenen und konzentrierte, mit großer Sorgfalt gearbeitete Dialoge aus. Diese Theatermacher sind Wüstenpflanzen, Künstler-Kakteen, sie sind es gewohnt, allein mit dem wenigen Wasser Blüten zu treiben, das sie direkt aus der Luft bekommen, die sie atmen. Es stimmt zwar, dass die Saat aus den Jahren stammt, in denen die städtische Kultur mit heute unvorstellbaren Räumen und Mitteln rechnen konnte. Doch die Blüte kam inmitten der Eiszeit auf, und danach konnte lange Zeit geerntet werden.

In der Kunst des Sich-Arrangierens kann der Stadt niemand etwas vormachen, dafür lassen sich viele Beispiele finden. Wenn du das Hotel verlässt, nimm dir die Zeit, wenigstens ein paar der von Giacomo Serpotta verzierten Gebetsräume zu besuchen. Serpotta war ein Bildhauer, der zusammen mit seiner Familie zwischen dem 17. und 18. Jahrhundert mit einem Mangel an hochwertigem Marmor umgehen musste. Also entwickelte er eine Technik, die Stuck wie Marmor oder noch stärker glänzen lässt. Seine Dekorationen der Oratorien von Rosario, San Lorenzo und Santa Cita sind Meisterwerke einer Spielart des Barocks, die du nur hier in der Stadt sehen kannst. Und es sind alles Beispiele für eine gelungene Anpassung an die von der Wirklichkeit diktierten Umstände.

Wie nirgendwo sonst auf der Welt wird hier die Krise als das beste zur Verfügung stehende Mittel verstanden. Nehmen wir nur einmal die Altstadt. Ihr Reiz liegt vor allem in dem, was fehlt. Seit der Nachkriegszeit ziehen die Reichen von hier fort und lassen sich in den nördlichen Stadtvierteln nieder. Irgendwer hat festgestellt, dass hier seit den Fünfzigerjahren eine Vorliebe für Rollläden herrscht. Eines Tages hatten die Bewohner der Stadt die Fensterläden über und wollten lieber Rollläden. Der Traum vom Rollladen löste eine Massenflucht aus. Das gesamte Bürgertum zog in die Gebäude der Via Sciuti und des Viale Strasburgo, und so verödete das Zentrum.

Die Bewohner der Stadt erzählen sich dazu gern die folgende Geschichte: Schuld daran seien die *regnicoli* (die Untertanen des Königreichs beider Sizilien), die *piedincretati* (Hungerleider) gewesen, Leute vom Land, die nach dem Krieg in die Stadt gezogen seien, um den Beamtenapparat der Region noch mehr aufzublähen. Nur sie seien die Urheber dieses schnellen Verfalls der Stadt gewesen. Sie hätten die Stadt nicht geliebt und hätten auch keinerlei Veranlassung gehabt, sie zu lieben. Da sie aus der Provinz stammten, hätten sie stattdessen allen Grund gehabt, sie zu hassen. Und deshalb hätten sie alles getan, um jede Form von Schönheit zu zerstören, die die Bombenangriffe überstanden hatte.

Die Geschichte entbehrt jeder Grundlage, denn verlassen wurde das historische Zentrum von niemandem sonst als von den Bewohnern der Stadt, die sich allzu bereitwillig den neuen Moden des Bauens anpassten. Mit den verfallenden Häusern fielen allmählich auch die Preise für dieselben, und es war nur natürlich, dass sich in den vier Bezirken der Altstadt nun Einwanderer aus Nicht-EU-Staaten und Unterprivilegierte ansiedelten. Mit dem Ergebnis, dass dies in der Nachkriegszeit vielleicht die einzige Stadt der Welt ist, in der die Armen im Zentrum wohnten und die Reichen in der Banlieue. Dass sich die sozialen Schichten und die Stadtviertel wieder durchmischen, ist eine noch relativ junge Entwicklung, genau wie die Verbreitung der Läden, Lädchen und Bed & Breakfast-Pensionen, die viele Viertel verändert haben. Es bleiben allerdings noch weiträumige Gebiete im Verfall übrig, sodass die sogenannte Gentrifizierung wenigstens dort noch weit entfernt ist.

Auf deinem Weg vom Flughafen in die Stadt konntest du noch keinen Blick auf die neuen Viertel werfen: eben jene, die alle so aussehen, als wären sie am Reißbrett vom selben Vermessungsingenieur entworfen worden. Und vielleicht gab es in der Nachkriegszeit ja wirklich eine solche Figur eines Obervermessungsingenieurs, der die Siedlung in der Viale Strasburgo entworfen hat; und das in einer Zeit, als es in einem falsch verstandenen Sinn der *political correctness* niemand zum Lachen fand, dass der für die Stadtplanung zuständige Stadtrat blind war (Giacomo Murana von der sozialdemokratischen Partei PSDI). Tatsächlich kann man *sehen*, dass dieser Teil der Stadt blindlings gewachsen ist. Mehr als ein halbes Jahrhundert ist vergangen, seit man angefangen hat, die tausendjährige Ablagerung dessen abzutragen und unkontrolliert zu bebauen, was als Conca d'Oro bekannt war. Ein halbes Jahrhundert ist ungefähr der Zeitraum, den der Geschmack der Menschen braucht, um sich ans Neue zu gewöhnen. Theoretisch sollten wir uns also schon mit dem Beton der neuen Viertel arrangiert haben. Doch leider ist dem nicht so, in der Zwischenzeit hat sich nichts geändert: Die Werke des Obervermessungsingenieurs waren damals hässlich, und hässlich sehen sie auch heute noch aus.

Nun, wenn man mit erhobenem Kopf durch diese Viertel läuft, wird einem eine Neuerung der letzten zwanzig Jahre ins Auge springen: eine Art Putz, der wie Lepra aussieht und den man so fest ins Fleisch der Häuser gerammt hat, dass das Innere des Mauerwerks angegriffen wurde. Fast alle Häuser der Città Nuova sind von dieser Lepra befallen. Vielen Fassaden wurde ein Maulkorb in Form von Netzen angelegt: Sie sollen dazu dienen, die sich von den Balkonen lösenden Putzbrocken aufzuhalten, um einen mehr als bloß ästhetischen Schaden zu verhindern. Diese flaschengrünen Netze sind zu einem fundamentalen Bestandteil der Stadtlandschaft geworden. An einigen Fassaden haben Bauarbeiter eingegriffen, um den größten Teil des Tumorgewebes an der Oberfläche aufzumeißeln, und in diesen Fällen zeigt sich die Gebäudelepra, die bis zu rostigen Stahlwülsten reicht, in ihrer ganzen Abscheulichkeit. In diesen Häusern wohnen die Reichen, also stellen wir uns einmal alle anderen Häuser vor. Die Lepra der Häuser im Norden der Stadt scheint eine Art Strafe, die die Bewohner wegen ihrer Hybris getroffen hat, am Ort der grausamsten stadtplanerischen Untaten der italienischen Geschichte zu leben.

In den Vierteln, die durch die Bauentwicklung der Vorkriegszeit entstanden sind, lässt sich mitnichten ein vergleichbares Phänomen der Degeneration feststellen. Wollten wir noch weiter zurückgehen in der Zeit, wäre da die Zisa, ein Palast, der im Vergleich zu den Bauten der letzten Jahrzehnte ein Bauwerk allererster Güte ist. Gut, die Experten werden sagen, dass man früher natürlich mit anderen Materialien gebaut hat. Doch in der Geschichte der Architektur hat es noch nie einen derartig massenhaften Zusammenbruch von Gebäuden gegeben. Es handelt sich um Häuser, die aus Sand gebaut wurden; ziemlich oft sogar *auf* Sand. Der gute brave Beton ist so sehr verunreinigt worden, dass die Häuser im Laufe weniger Jahre zusammengekracht sind, noch bevor sie die zweite Generation von Familien gesehen haben, die in ihnen wohnten. Häuser, die nie modern schienen, dazu verdammt, überaltert, ohne je richtig alt geworden zu sein.

Und noch mal: Wir sprechen hier von wohlhabenden Vierteln, nicht von der Banlieue, wo es die gleichen Probleme gibt, nur um ein Vielfaches mehr davon. Du kennst vom Hörensagen sicher eines der enterbten Viertel: das erwähnte ZEN, das nördliche Erweiterungsgebiet. Genauer gesagt, das ZEN 2. Es müssten Zukunftsforscher aus der ganzen Welt herkommen, um zu studieren, was hier passiert. Und auch Soziologen, Anthropologen und wer immer sonst erfahren will, was in Italien und der Welt vor sich geht. Dieses Viertel ist zu einer Art Aleph à la Borges geworden, also einem einzelnen kleinen Punkt, der alle Orte der Welt zusammenfasst und in sich vereint. Eine kolossale Metapher. Eine Glaskugel, in die man hineinschaut, um zu verstehen, was uns in der nächsten Zeit erwartet.

Dieses Viertel musste einen langen Anlauf nehmen, um es dorthin zu schaffen, wo es heute ist. Irgendwann wollte man es zwischendurch über eine von ganz oben gelenkte onomastische Schönheitsoperation in »San Filippo Neri« umbenennen. Wie kommt man bloß auf die Idee, solch ein Dirigismus könnte funktionieren in einer Stadt, in der die Straßen, Plätze und selbst die Kirchen je nach Laune der Bevölkerung ihre Namen wechseln. In einer Stadt, in der die einzige Möglichkeit zur Rebellion vonseiten der Bewohner gerade darin besteht, Unabhängigkeit bei der Benennung öffentlicher Orte zu beanspruchen.

Kurzum: ZEN hieß es, ZEN ist es geblieben, und ZEN wird es wenigstens so lange bleiben, bis der Staat sich dazu entschließt, hier dauerhaft Gesicht zu zeigen und die Rechtsstaatlichkeit in diesem Gebiet wiederherzustellen, das bisher im Verhältnis zum Rest des Landes als extraterritorial betrachtet wurde. Im ZEN organisiert die Mafia sämtliche Versorgungs- und Verwaltungsdienstleistungen. Sie schließt die Haushalte ans Strom- und Wassernetz an und kassiert bei den entsprechenden Abrechnungen. Mehr noch: Sie führt eine Art Parallelinstitution zum Sozialwohnungsamt, also eine Organisation, die ohne gesetzliche Berechtigung Wohnungen an Bewerber vergibt, die sich bedürftig zeigen. Es gibt sogar einen Hausmeisterdienst, für den die Bewohner ein Hausgeld zahlen. Alles bestens geregelt, so pervers diese Regeln auch scheinen mögen.

Im ZEN ist jede Rechtsverdrehung erlaubt. Sie wird durch die Aussicht auf Straffreiheit sogar noch befeuert. Das hat einen Krieg der Bettler ausgelöst: Arme gegen noch Ärmere gegen die Ärmsten. So sehen die Revolten im 21. Jahrhundert aus, von der Pariser Banlieue über die Townships in Johannesburg bis zu unserer Stadt. Der Ort der Revolte ist klar abgesteckt: nicht in den Wohnvierteln und auch nicht im Zentrum, mit Ausnahme sporadischer Belagerungen des Rathauses. Man zündet die Autos der Nachbarn an, man bricht die Türen der Leidensgenossen auf, man raubt die eigenen Geschwister aus. Schätzungen zufolge gibt es in der Stadt ungefähr 3600 Sozialwohnungen, die missbräuchlich besetzt werden und der mafiösen Parallelverwaltung unterstehen. Dreitausendsechshundert. Jede einzelne einem rechtmäßigen Eigentümer oder Mieter entwendet.

Das vom Staat hinterlassene Vakuum erzeugt nicht nur administratives Chaos, wie man auf den ersten Blick denken würde, wenn man den allgemeinen Verfall sieht. Im Gegenteil: Es entsteht dadurch vielmehr eine Art rationale, reibungslos organisierte Illegalität. Man sagt, dass es in der Politik keine Lücken gibt. Und auch nicht in der öffentlichen Verwaltung, denn wenn der Staat einen Schritt zurückgeht, dann macht der mafiöse Gegenstaat mit seinen perverserweise so funktionstüchtigen Ersatzdienstleistungen einen nach vorn.

Im ZEN arbeiten viele Vereine von Ehrenamtlichen und Freiwilligen, die sich in ihrer Ablehnung von Ghettoisierung und Generalisierung einig sind. Und das ist richtig so. Aber das ZEN ist ein Spiegel, durch den wir uns unbedingt selbst betrachten müssen, wenn wir das Problem lösen wollen. Und wir müssen akzeptieren, was wir auf diese Weise erfahren: dass die von der Cosa Nostra angebotenen Leistungen gegenüber denen des Staates absolut konkurrenzfähig sind.

Sie erfüllen ihren Zweck. Solange die großartigen Absichten der Anti-Mafia nur auf der Erziehung zur Rechtschaffenheit beruhen – und die wiederum auf bloßem Theorieunterricht –, werden wir es da niemals herausschaffen. Der Staat muss präsent sein: mit Schulen, mit Polizeistationen und Einrichtungen aller Art. Das ist selbstverständlich, aber es wird beileibe nicht immer in die Tat umgesetzt. Doch auch das wird noch nicht reichen. Der entscheidende Kampf besteht darin, den Einwohnern des ZEN bessere und preiswertere Dienstleistungen zu garantieren als die

Mafia. Es wird nur über die Frage nach dem Vorteilhafteren gehen, das ist das einzig wirklich überzeugende Argument.

Eine gar nicht so anders gelagerte Problematik betrifft viele Viertel der Altstadt. Der Legende nach verbarrikadieren die Anwohner in Danisinni, einer echten Enklave, die nur fünfhundert Meter Luftlinie vom Regierungssitz entfernt liegt, nachts den einzigen Straßenzugang zum Viertel: damit kein Ordnungshüter auf die Idee kommt, hier herumzuschnüffeln. Doch auch hier ändern sich die Dinge dank des Engagements von Einzelpersonen oder einzelnen Initiativen. Nur mit Mühe, aber sie ändern sich.

Das Gesicht der Altstadt ist insgesamt sehr zerklüftet, es gibt vollkommen wiederhergestellte Gebiete und solche, die noch ziemlich baufällig sind. So hat sich zum Beispiel die Vucciria zu einem Geistermarkt entwickelt. Schuld daran ist möglicherweise das allzu grelle mediale Scheinwerferlicht, das dieses Viertel getroffen hat. Lange Zeit gab es keinen Spielfilm und keine Dokumentation, die auf eine so malerische Kulisse verzichten konnte. Nach und nach verwandelten sich die Olivenhändler hinter den riesigen Verkaufsständen in Filmkomparsen. Die Vucciria war in Mode, zu sehr. Zu viele Touristen, zu viele Fotoapparate und zu viele Fernsehkameras ließen die Preise in die Höhe schnellen. Bis die eigentlichen Bewohner des Viertels paradoxerweise begannen, anderswo einzukaufen. Wie auch für andere Stadtviertel gibt es für die Vucciria einen Sanierungsplan. So ein Plan kann zwar einsturzgefährdete Gebäude retten, doch den Kunden nicht vorschreiben, dass sie ihre Einkäufe lieber hier statt dort erledigen sollen. Die aufmerksameren Touristen schlendern schon heute an den Verkaufsständen der Vucciria entlang und fragen sich, ob das, was sie da fotografieren, die Wirklichkeit ist oder eine Inszenierung speziell für ihren Geschmack. Die *banniate*, die Anpreisungen der Marktschreier, sind verschwunden. Erst nach Sonnenuntergang belebt sich die Vucciria wieder dank des lautstarken, manchmal sogar zu lebhaften jugendlichen Nachtlebens. Falls du ein Reisender bist, der ein solches Durcheinander scheut, gehst du lieber früh ins Bett, um dich direkt nach dem frühen Aufstehen zum Capo oder zum Ballarò zu begeben, wo die Händler sich über die spärlichen Geschäfte beklagen, doch wenigstens nicht die Fiktion ihrer

Arbeit inszenieren müssen. Auf dem Capo sind die Händler Händler, die Kunden sind Kunden, die Tomaten sind Tomaten, und die Preise für die Tomaten sind Tomatenpreise. Surreal sind hier nur die Straßennamen: Via Sedie Volanti (Straße der fliegenden Stühle), Via Gioiamia (Straße meiner Freude), Via Scippateste (Straße des Kopfabreißens). Wenn es ein volkstümlicher Markt sein soll, kann man auch gleich zum Markt im Borgo Vecchio gehen, kurz: der Borgo, der, vielleicht gerade, weil er sich nicht in der Altstadt befindet, den Charakter eines permanenten Verkaufstheaters bewahrt hat. Hier kann man, den Vorschriften der Stadtverwaltung zum Trotz, rund um die Uhr einkaufen. Der Borgo ist eine weitere eigenständige Enklave, nur ein paar Schritte entfernt von den großen Straßen und den prestigeträchtigen Schaufenstern der Via Libertà, wie ein heftig schlagendes dunkles Herz, obwohl es aller Logik nach eigentlich gar nicht existieren dürfte.

Womöglich bist du ein reicher Reisender und hast dir ein schönes Hotel ausgesucht. Das könnte ein Grund dafür sein, warum dir die Vorstellung, hinauszugehen, so widerstrebt. Wenn du im warmen Schoß des Hotel delle Palme weilst, kannst du dich auch von den Geschichten dieses Hauses einlullen lassen. Denn dann hat man dir bestimmt die Namen berühmter Leute aufgezählt, die hier abgestiegen sind. In einem der Hotelzimmer hat sich der französische Schriftsteller Raymond Roussel mit einer Überdosis Medikamenten das Leben genommen. An einem 14. Juli, dem Tag des *festino* zu Ehren der heiligen Rosalia, während draußen die Stadt auf dem Höhepunkt ihrer Lebensfreude explodierte. Ebenfalls hier im Hotel versammelten sich die Referenten des großen transatlantischen Mafiatreffens in der Nachkriegszeit. Als man gemerkt hat, dass du dein Zimmer nicht verlassen wolltest, hat man dir bestimmt auch von Baron Di Stefano erzählt, der einen Großteil seines Lebens zurückgezogen in diesem Hotel verbrachte. Man munkelte, er sei wegen einer von ihm verübten Körperverletzung mit Todesfolge vom Mafiaclan von Castelvetrano zum Tode verurteilt worden. Später wurde das Urteil in der Berufung in lebenslänglichen Freiheitsentzug umgewandelt. Und vor die Wahl gestellt, entschied sich der Baron dafür, den Rest seiner Tage eingesperrt im luxuriösesten Hotel der Stadt zu verbringen. Dabei ist die Geschichte des Barons nur ein weiteres der Lügenmärchen, die in der Stadt in Umlauf sind, vielleicht vom Protagonisten persönlich verbreitet, um Einladungen abzuwehren und seine Menschenfeindlichkeit zu camouflieren. Einer anderen Version zufolge war er auch in Bayreuth kein Unbekannter, wo er als begeisterter Wagnerianer keine Gelegenheit ausließ, um sich den *Parsifal* anzusehen. Erst in der letzten Phase seines Lebens verließ der Baron sein Zimmer nicht mehr, genauso wie du. Der Grund dafür war jedoch weder eine freie Entscheidung noch ein Freiheitsentzug durch die Mafia, sondern schlicht und einfach Krankheit.

Ich will ja niemanden zur Eile antreiben, aber sieht diese Kombination für dich nicht wie ein böses Omen aus? Genügt das nicht, um dich dazu zu bringen, deine Ängste zu überwinden? Gewiss, es lässt sich nicht leugnen, dass die Stadt einer der wenigen Orte im Westen ist, an dem in sechzig Jahren formalen Friedens gleichwohl ein Krieg geführt wurde, der jeden Augenblick wieder ausbrechen und alle Fortschritte der letzten Zeit zunichtemachen könnte. Es wäre unaufrichtig, nicht zuzugeben, dass noch immer irgendwo in der Stadt das Herz der Finsternis schlägt.

Doch ebenso trifft es zu, dass der Rest der Welt an einem Schauerbild der Stadt festhält, das ins Reich der Legenden gehört. Tatsächlich findest du draußen vor deinem Hotel ein kontroverses, aber faszinierendes, ja faszinierendes, weil kontroverses Universum vor.

Wenn du noch einen Antrieb brauchst, suche ihn darin, dass, während du zögerst, draußen womöglich eines der wundersamen Dinge geschieht, die die Stadt stets parat hat. Selbst wenn es ein Erdbeben sein sollte – meinst du, du könntest dich mit einem Dach über dem Kopf retten? Paolo Borsellino wurde einmal gefragt, ob er Angst habe, ermordet zu werden. Er antwortete, Angst sei etwas Menschliches, man dürfe sich nur nicht von ihr unterkriegen lassen. Er antwortete, genauer gesagt, mit einer Shakespeare-Paraphrase: Wer Angst hat, stirbt jeden Tag, wer keine hat, nur einmal. Sagen wir es freiheraus: Der Reiz der Stadt besteht gerade darin, dass das Überleben heute – verglichen mit der Vergangenheit – zwar wahrscheinlich, aber immer noch nicht selbstverständlich ist.

Du hast schon allerlei über die Stadt gehört. Auch dieser Reiseführer hat dir zumindest einige Geschichten erzählt, die zwar nicht direkt falsch sind, aber doch beinahe. Doch ich versichere dir, dass sie hier als wahr gehandelt werden, und durch das Weitererzählen werden sie es nach einer Weile tatsächlich. Wenn eine Stadt solche Geschichten über sich erzählt, heißt das jedenfalls, dass sie meint, diese Geschichten kämen der eigenen Identität zumindest nahe.

Der Schriftsteller Paco Ignacio Taibo II hat einmal gesagt, die ganze Insel komme ihm vor wie eine Zwiebel, weil sie aus mehreren Häuten bestehe. Immer wenn man eine geschält hat, ist eine neue darunter, die auch geschält werden muss. Er hatte recht. Die Insel ist so. Die Stadt ist so. Du kannst sie so nehmen, wie sie ist, mit ihrer äußeren Haut. Sie sieht schön aus in ihrer exzentrischen Vollkommenheit. Das ist eine Zwiebel, ohne Frage. Du kannst die Beschreibung, die man dir von ihr gegeben hat, für bare Münze nehmen und dich damit begnügen. Du kannst aber auch versuchen, die äußere Haut abzulösen, dann wirst du wieder eine Zwiebel haben, wenngleich in Farbe und Form leicht verändert. Du kannst das untere und das obere Ende abschneiden, um dein Vorhaben zu erleichtern. Jetzt könntest du Probleme bekommen, weil die Zwiebel dich zum Weinen bringt. Du weinst, ohne gerührt zu sein, es ist ein bedingter Reflex. Entschuldige, das ist eine Binsenweisheit: Schält man eine Zwiebel, fängt man irgendwann an zu weinen.

Die erste Haut sollte entfernt werden, weil sie immer etwas zu grob ist, um bekömmlich zu sein. Mach weiter. Darunter ist wieder eine, die schon etwas besser aussieht und noch heller ist. Damit könntest du deinen *soffritto* zubereiten, falls du einen *soffritto* machst (gehackte, in Öl oder Butter angebratene Zwiebeln, oft zusammen mit Karotten oder Sellerie). Wenn du die Zwiebel jedoch für einen Salat brauchst, empfiehlt es sich, auch diese Haut zu entfernen. Jedenfalls überwiegt fast immer die Neugier, und man macht weiter, Schicht für Schicht. Du schälst die Zwiebel also weiter und lässt dich jedes Mal von einer neuen Nuance in rosigem Weiß, die du enthüllst, überraschen. Keine der abgeschälten Häute ändert etwas an der Substanz der Zwiebel. Eine Zwiebel war sie vorher, und eine Zwiebel ist sie weiterhin, obwohl sie inzwischen eine feinere Zwiebel mit wesentlich zarteren Eigenschaften ist. Du schälst noch eine Haut ab und noch eine. Im Licht jeder neuen Schicht, die du freilegst, erscheint dir die vorangegangene als recht grob. Hättest du dich mit dieser zufriedengegeben, hättest du etwas falsch gemacht, weil dir die darunter in ihrer Zartheit noch reiner vorkommt. Bis du irgendwann glaubst, das perfekte Kernstück der Zwiebel herausgeschält zu haben. Die Zwiebel der Zwiebel. Das Konzentrat des Konzentrats des Konzentrats der Zwiebel. Doch da ist noch ein hauchdünnes Häutchen, das du entfernen könntest, und dein zwanghafter Perfektionismus treibt dich dazu, auch das, was sich darunter befindet, noch zu enthüllen. Du entfernst es mit äußerster Sorgfalt und entdeckst, dass darunter gar nichts mehr ist. Eine Schicht vorher war da noch eine Zwiebel, eine höchst perfekte Zwiebel, und eine Schicht später ist da nichts mehr. Daraus kannst du weder einen *soffritto* noch einen Salat machen. Daraus kannst du gar nichts mehr machen, denn die Zwiebel hat keinen Kern, den du zum Beispiel wieder aussäen könntest. Die Zwiebel ist also gewissermaßen unwiederholbar. Und sie zu häuten endet immer damit, dass sie sich verliert.

Genauso solltest du die Dinge betrachten, die du über die Stadt weißt. Du kannst beschließen, bei einer bestimmten Schicht aufzuhören und dich damit zu begnügen. Der *soffritto* und der Salat gelingen trotzdem. Doch wenn du der brave Reisende bist, für den ich dich halte, musst du weitermachen und versuchen, noch einige Häute zu entfernen. Und du musst es selbst tun. Auch wenn dich das Zwiebelschälen zum Weinen bringt, darfst du diese Aufgabe nicht anderen überlassen. Sie wissen nicht, bei welcher Zwiebelhaut du aufhören möchtest, sie wissen nicht, wozu du die Zwiebel brauchst, und sie wissen nicht, bei welcher Schicht du mit dem Häuten aufhören willst, und es besteht das Risiko, dass sie eine nach der anderen abziehen und wegwerfen, obwohl sie genau richtig wären. Vor allem besteht die Gefahr, dass sie auch das letzte, hauchdünne Häutchen abschälen, unter dem die Zwiebel keine Zwiebel mehr ist. Und die Stadt nicht mehr sie selbst.

Ich freue mich zu sehen, dass du nachdenklich geworden bist. Nimm dir so viel Zeit, wie du willst, um zu entscheiden, welches

Italienische Reisen bei Wagenbach

Giuseppe Culicchia *Turin ist unser Haus*

Reise durch die zwanzig Zimmer der Stadt

Fabrikstadt, nordländische Sparsamkeit und zynischer Fußball? Schon lange nicht mehr! Der Turiner Giuseppe Culicchia entführt in seine elegante Heimatstadt und bürstet die Klischees gegen den Strich – denn selbst die »Preußen Italiens« feiern mittlerweile öffentlich.

Aus dem Italienischen von Julika Brandestini
WAT 823. Broschiert. 240 Seiten

Mauro Covacich *Triest verkehrt*

Triest ist anders als das übrige Italien. Es gibt die Bora, einen scharfen Wind, der über die Mole landeinwärts weht. Aber es gibt auch Kaffeehäuser. Und der Cappuccino schmeckt anders als in den Bars von Rom oder Mailand – Mauro Covacich lädt ein in seine besondere Stadt.

Aus dem Italienischen von Esther Hansen
WAT 696. Broschiert. 144 Seiten

Tiziano Scarpa *Venedig ist ein Fisch*

Dass Venedig die Form eines Fisches hat, sieht jeder, der auf eine Landkarte schaut. Tiziano Scarpa lädt uns ein, diesen Wunderfisch mit allen Sinnen zu entdecken – deshalb schreibt er nicht über Venedig, sondern darüber, was mit uns in Venedig passiert.

Aus dem Italienischen von Olaf Matthias Roth
WAT 433. Broschiert. 120 Seiten

Wenn Sie mehr über den Verlag und seine Bücher wissen möchten, schreiben Sie uns eine Postkarte oder elektronische Nachricht (mit Anschrift und E-Mail). Wir informieren Sie dann regelmäßig über unser Programm und unsere Veranstaltungen.

Verlag Klaus Wagenbach Emser Str. 40/41 10719 Berlin
www.wagenbach.de vertrieb@wagenbach.de

Stadium der Zwiebel du für deine Zwecke brauchst. Doch dann steh auf. Nimm deinen Mantel, wenn es unbedingt sein muss. Verlass das Zimmer. Geh die Treppe hinunter. Grüß den Portier, leg die Hand auf die Klinke der Eingangstür und drück sie hinunter. Öffne die Tür.

Sofort wird das Licht auf dich einstürmen.

Du hast recht, ich habe dir ein Loch in den Bauch geredet, dabei jedoch vergessen, dich vor dem Licht der Stadt zu warnen. Ein grausames Licht, das dir wie ein Dolch in die Augen fährt, wenn du nicht daran gewöhnt bist. Vielleicht bist du nachts angekommen, oder der Himmel war bedeckt, und du hast es nicht bemerkt. Auch die Wahrnehmung des Lichts in der Stadt ist seit den Neunzigerjahren eine andere geworden. Die Bewohner, die es zu fürchten schienen, setzen sich ihm heute aus. Die öffentlichen Räumlichkeiten alter Bauweise und auch die Privatwohnungen dieser Zeit hatten schmale Fenster, und fast immer waren die Jalousien oder Rollläden heruntergelassen, damit nur ein Minimum an Licht ins Leben der Menschen dringen konnte. Heute hingegen ist alles viel offener, sind die Fenster und andere Öffnungen größer. Die Cafés haben mit ihren kleinen Tischchen die Straßen und Plätze erobert, um das Licht mit einer lebensbejahenden Dreistigkeit herauszufordern, die früher unvorstellbar war. Bist du bereit, dich dem Licht der Stadt auszusetzen? Verfall nicht gleich wieder in Panik. Du kannst dir jederzeit eine Sonnenbrille kaufen. Und es ist schwierig, ohne Sonnenbrille auszukommen, wenn man es mit einem solchen Licht zu tun hat.

Ich hätte dich also zuallererst vor dem Licht warnen müssen. Aber es gibt so viele Dinge, von denen ich dir auf diesen Seiten nichts erzählt habe. Auch auf einige Details herkömmlicher Pracht lang und breit einzugehen schien mir nicht der Mühe wert. Dafür kannst du dir aber sicher sein, dass ich nichts ausgelassen habe, was dich erschrecken könnte. Doch eben deshalb: Erschrick nicht. Du bist jetzt draußen, das Schwierigste ist getan. Und was die Dinge angeht, die ich vergessen habe, je nun: Ich meine, du wirst sie schon selbst entdecken.